大
觀

n a t i o n a l   i n t e r e s t

YIGE PUTONGFA DE GUSHI
YINGGELAN ZHENGTI DE AOMI

一个普通法的故事

英格兰政体的奥秘

泮伟江 著

图书在版编目（CIP）数据

一个普通法的故事：英格兰政体的奥秘 / 泮伟江著．
桂林：广西师范大学出版社，2015.4
ISBN 978-7-5495-6318-0

Ⅰ．①一… Ⅱ．①泮… Ⅲ．①法制史－研究－英国
Ⅳ．①D956.19

中国版本图书馆 CIP 数据核字（2015）第 013870 号

广西师范大学出版社出版发行
（广西桂林市中华路 22 号　邮政编码：541001
网址：http://www.bbtpress.com）
出版人：何林夏
全国新华书店经销
广西大华印刷有限公司印刷
（广西南宁市高新区科园大道 62 号　邮政编码：530007）
开本：880 mm × 1 240 mm　1/32
印张：7.25　　字数：150 千字
2015 年 4 月第 1 版　　2015 年 4 月第 1 次印刷
定价：28.00 元

目 录

自序

英格兰政体研究与中国问题意识

与英伦三岛的第一次亲密接触令我喜不自胜，至今仍记忆犹新。

——爱默生

一

时间过得真快，从产生写一本关于英格兰小册子的想法到提笔写这个序言，已经过去了整整六年时间。这是一个人在求知的好奇心与欲望的驱使下，不断自我探索，在黑暗中朝着微微的光亮前行与摸索的六年。如果早知道对英格兰的此种兴趣与爱好，带来的是如此漫长与艰难的探索，并且代价沉重，我当初或许不会选择这条艰难的道路。无数次的犹豫和放弃的想法，最终都在更为强烈的兴趣下被克服。

最令人鼓舞的是，在黑暗中摸索的过程中，我不断地发现，对英格兰的这种强烈的喜爱与兴趣，不仅仅是我个人的偏好与兴趣。如果说，诸如像福蒂斯丘、莎士比亚和麦克法兰这样的英国人，其笔下对英格兰溢于言表的热爱与赞叹，乃是一种爱国主义情怀的表达，那么像孟德斯鸠、伏尔泰、基佐、爱默生这样的外国人，遇见英格兰时那种难以抑制的激动，以及对英格兰的种种溢美之词与毫无节制的赞美，就实在令人费解了。其他人，例如向来严谨的德国人马克思与韦伯，虽然对英格兰的赞美相对法国人与美国人而言略为克制，但毫无疑问，从他们的作品中仍然可以读出对英格兰的强烈兴趣——马克思干脆直接搬到英格兰住了很长时间，而韦伯在德国的政治圈中是一个坚定的英国派。这个名单还可以继续往下列得很长，例如林国华就曾经指出，《唐吉诃德》第 2 部第 61 章中，唐吉诃德第一次来到大海，引发了一次莫名的望洋兴叹，其后没过多久就死了，其实就是作者塞万提斯对海洋国家英格兰的赞叹，暗示着一个时代的结束与另外一个新时代的到来。[1] 林国华因此联想到了孟德斯鸠的《罗马帝国盛衰原因论》，认为《唐吉诃德》的这个结尾，恰好对应着《罗马帝国盛衰原因论》结尾中孟德斯鸠将莱茵河与大海相比拟的那个隐喻：与英格兰所开创的新海洋时代相比，罗马帝国的辉煌不过是莱茵河的辉煌，来到大海面前，却发现自己不过是条小溪流而已。而对英格兰的发现，则是一个新世界之门的开启。[2]

的确，我在探索和研究的过程中感到绝望时，阅读伏尔泰、孟德斯鸠、基佐和爱默生等人游历英格兰的见闻与感受，既让我感到亲

1　林国华：《孟德斯鸠、英格兰与唐吉诃德》，《诗歌与历史：政治哲学的古典风格》，上海三联书店，2005 年，第 122 页。

2　林国华：《孟德斯鸠、英格兰与唐吉诃德》，第 123 页。

切，更给了我很大的鼓舞。尤其令人印象深刻的是，这些大人物们对英格兰的发现与游历，恰恰发生在他们的祖国就要"崛起"，或者正在经历巨变的时刻。可以说，通过他们对英格兰的发现与理解，英格兰成为他们本国本民族政治教育的一个重要的教材与内容。在接触、认识与理解英格兰的过程中，这些民族的精神世界也正在经历着成长与成熟的过程。英格兰因此变成了他们民族精神生活的内在组成部分。而他们民族此后所经历的巨变是否成功，往往与他们的此种精神启蒙与成长的成熟度关系密切。就此而言，我惊奇地发现，对现代世界而言，"英格兰"的含义远远超过欧洲西陲的某个岛屿以及该岛屿上居住着的某些特定的人口及其历史文化传统，而是具有某种普遍的世界历史的含义。任何一个希望承担世界历史命运的民族，都必须在精神世界的启蒙与成长的过程中，经历英格兰的这一课。

这种发现令我既兴奋又惶恐。兴奋的是，在西方政治与法律思想史中，居然存在着一个隐秘的"哈英派"，而且其成员都是思想史万神庙中供奉着的神一样的大人物；惶恐的是，目前国人的精神世界中，鲜有类似的与英格兰亲密接触的经验与理解。的确，研究英国的文献已经不少，每年也有那么多的国人往返于伦敦与北京之间，对英格兰的生活与民情，如数家珍的国人也必然不在少数。但对英格兰的这样一种熟悉，多数仅仅停留在表象层面。那种透过英格兰生活的表象，接触到英格兰精神世界的深层内心，因此反观英格兰的表象，由此而得来的那种豁然开朗后的激动、兴奋，真的很少见到。

在这个意义上，英格兰之于我，乃至这本小书在我个人精神成长史中占据的位置，不容低估。在某种意义上，英格兰之于我的意义，犹如美国之于托克维尔。因此,难免的,本书中的英格兰,比读者诸君亲身游历的那个物理和实在意义的英格兰,或许更为纯粹,更为理想。但这丝毫不能削减这个英格兰的真实性。

二

与伏尔泰、孟德斯鸠及爱默生们不同,本书并非聚焦于对英格兰历史与民情的面面俱到的描述与介绍。作者本人从来没有到过英格兰,也就失去了这些先辈与大家当年那种身临其境的见闻与感受。本书对英格兰的理解,更多地还是通过追寻福蒂斯丘、伏尔泰、孟德斯鸠、卢梭、基佐、马克思、韦伯、梅特兰、波考克、麦克法兰、黄仁宇等先辈与大家当年探索英格兰心智时留下的线索与足迹,结合本人对英格兰法律史相关文献与材料的阅读与消化,所形成的对英格兰普通法与英格兰政制关系的一次探索与尝试。

本书对英格兰普通法以及英格兰政制的理解,采取的一个基本的方法论立场,是从其成熟形态向后回溯性的考察。就像我们对某个人的观察和理解,一般还是通过对他成熟时期各种所作所为的观察与分析,概括他的个性与行动的逻辑,然后再通过对他童年和青少年时期的成长经历的回溯,探讨形成这些个性的环境与原因。这种回溯性的观察,往往会被人们批评为倒果为因,容易变成一种幼稚的历史进步主义立场,认为历史是一种朝向某种确定目标不断进步的过程。晚近备受学者批判的辉格传统的历史叙事,就是反面典型。

相对于英格兰历史的辉格党叙事,本书倒不认为英格兰历史的发展，具有某种确定的、不断上升的历史轨迹。在英格兰历史发展中，偶然性因素的确发挥了极为重要的作用。英格兰之所以成为今天的英格兰，并非一种历史的必然。对于这一点，作者不仅承认，而且极为赞成。然而，本书之所以仍然坚持这样一种考察的方法与路径，主要是考虑到，当英格兰历史发展到某个阶段与程度，则英格兰的政治与社会就会形成某种稳定的结构，此种稳定结构会逐渐发展出某种自主性的逻辑，从而主导自身的发展，形成某种强大的力量。一旦英格兰社会形成此种自主的结构与逻辑，则既有的那种偶然性主导的历史叙事的范式就可以被打破。英国革命期间，神圣的王权被推翻，国王被送上断头台，此后英格兰战胜法国，成为欧洲霸主，又通过工业革命和商业金融革命，把整个欧洲和世界搞得天翻地覆，便是英格兰的此种结构化的后果。因此，对英格兰的此种结构化逻辑的探寻，是本书的核心目的之所在。

因此，与许多历史学家不同，我并不过分关注英格兰历史中所存在的种种偶然性因素，尽管我承认这些偶然性因素对今日之英格兰的塑造，在某个具体的点上是很关键的。即便我关注这些偶然性因素，我也是在如下意义上关注他们：英格兰政制与社会结构的稳定化与成熟，需要何种具体的历史文化条件，这些偶然性因素对这些条件的形成与准备，又做了哪些贡献。正如卢曼曾经指出过的，任何一个制度的起源，都需要特定的前提条件，而这些前提条件的形成可能是偶然的，但制度生成的逻辑却能够超越这些初始条件。[1] 例如，从人

1　Niklas Luhmann, "The Autonomy of Legal System", *The differentiation of Society*, New York, Columbia University Press, 1982, p.126.

类学的角度看,早期原始人类的农业经济学,是在特定的环境条件下出现的。但一旦农业经济学形成了稳定的结构和模式,其出现时特定的初始环境条件倒不大重要了。[1]

当然,这是本书考察结束之时形成的关于英格兰普通法宪政的确切认识。本书篇章结构的安排,却基本遵循了作者对这个问题探讨的心路历程。本书的第一章是对问题意识与写作背景的必要交代,曾经发表于《大观》杂志第 7 卷。[2] 第一章也确实带有很强烈的"大观小组"的色彩。大观小组是于 2008 年组建的一个跨学科的,主要由年轻学者构成的学者团体,我们自己将它称作一种新型的知识生产机制。我们的主要学术兴趣就是形成关于中国周边世界的常识结构,因为我们认识到:"认识他者,同构于自我认知过程,建立周边世界的常识性认识结构,也是完成自我定义无可取代的前提。"[3] 作为中国学者,我们当然最关心中国的国家利益,然而,鸦片战争以来的历史已经不止一次地向我们指出,对我们国家利益的理解与界定,并非如许多狂热而狭隘的民族主义者所定义的那样,是自明的,通过简单的"敌我区分论"就可以鉴定清楚。当下中国民族主义者所谓的"非我族类,其心必异"式的封闭的"敌我区分论",恰恰是一种心灵的自我封闭,不但难以界定和保护中华民族的真正民族利益,反而可能会进一步地破坏中国真正的国家利益与民族利益。要真正地理解中国的民族利益与国家利益,我们就必须"探究中国成长的历史与性质,在中国社会演化与世界秩序内在的普遍性关联中,确立中国的国

1　Niklas Luhmann, "The Autonomy of Legal System", *The differentiation of Society*, p.126.

2　参见泮伟江《英国普通法的政治意义》,载高全喜主编《大观》第 7 卷,法律出版社,2011 年。

3　高全喜主编:《大观》第 1 卷,2010 年,第 2 页。

家性质和国际利益”[1]。

依然清晰地记得，于向东先生是最早明确提出“建立起周边世界的常识结构”的论述，并且将它当作大观小组知识探索的基本立场与宗旨的。大观小组成立六年来，我们召开了将近 20 次会议，邀请全球范围内的华人学者，无论是学院派的还是实务派的，围绕着某些确定的对象与问题，展开系统阅读与集中讨论，不断地自我启蒙与知识探索，逐渐形成了许多丰硕的成果。

本书第一章就是在这样的知识氛围与思想背景下，进行知识探索的结果。有趣的是，第一章的探索本意是认识近代英国，也就是中国人在鸦片战争中遭遇的英国，因为恰恰是这个近代的英国将中国带入到现代世界之中。并且，作为第一个进入现代世界的国家，在我们了解整个现代世界的过程中，英国占有独特的地位。然而，考察的结果却在意料之外——我们发现英国既是最现代的，同时又是最古老的。用通常意义的现代观念，尤其是欧陆思想家界定的现代性范畴，很难理解世界上第一个现代国家的英格兰。因此，要了解近代英国，就必须回到中古时期英格兰的源头中去。

第一章的另外一个重要发现，就是英格兰没有欧洲大陆人所熟悉的衙门——按照韦伯更为学术化的说法，就是理性官僚制。受韦伯影响，多数现代人都认为理性官僚制乃政治现代化的代名词。因为缺乏理性官僚制，英格兰人似乎享有更多的自由。在欧洲人看来，在理性官僚制出现之前，此种自由在欧洲倒是随处可见的。同时，根

1　高全喜主编：《大观》第 1 卷，2010 年，第 2 页。

据欧洲大陆的经验,理性官僚制是伴随着绝对主义国家的出现而出现的,是绝对主义国家的进化版。无论是绝对主义国家还是理性官僚制,相对中世纪的王权制与封建制度而言,都是历史的进步。因此,中世纪的地方自治与自由,就成了现代性所付出的必要代价。

然而,英格兰似乎突破了此种现代性逻辑:英格兰似乎不存在严格意义的理性官僚制,都铎王朝与斯图亚特王朝的绝对主义国家尝试,似乎最后也失败了。英格兰不但保存了中世纪以来的地方自治传统,并且在此基础上发展了个人自由的新传统,同时还保持了强大的国家能力,称霸世界。通过战争、贸易和殖民,英格兰将它的自由传统与普通法带到了美洲、澳洲与亚洲。

对英格兰的此种认识与好奇,把作者探索的脚印带到了 1066 年,也就是通常认为英格兰历史真正的开端时期,同时也是英格兰普通法的奠基时期。此种时间的重合并非偶然,本书接下来的内容将会证明,英格兰政制与英格兰普通法是一种同源共生的关系。英格兰普通法对英格兰政制的内部性格的形成,具有塑造作用。孟德斯鸠等人所津津乐道的英格兰政制,其奥秘恰恰需要从英格兰普通法中去寻找。普通法对理解英格兰政制如此重要,以至于我们可以将英格兰政制概括为“普通法宪政”。学者们通常津津乐道于中国政制相对于欧洲的早熟,指出中国早在秦朝就已经建立了一套完整的现代官僚体系了。殊不知,除了中国,英格兰政制相对于欧洲大陆国家,也是早熟的。1066 年征服者威廉带领三千骑士占领英格兰后,诺曼人面临着复杂的治理形势。通过发挥他们天才的行政管理天赋,诺曼人建立起了欧洲最早的现代治理机制。此种治理机制在许多方面并不逊色于欧陆意义的现代绝对主义国家的治理功能,而要优越于通常意义的欧洲中世纪的王权政体与封建政体。本书第二章通过对诺曼人征服后的英格兰治理复杂性的揭示与分析,以及几个核心事件(诺曼征服、亨利二世改革、《大宪章》签订)的分析与阐释,阐明英格兰普通法宪政形成的重要历史语境。

熟悉普通法研究的读者必然能够看出,这部分的研究,基本上是在梅特兰相关研究的基础上进行的,同时吸收和回应了密尔松、霍尔特等人对梅特兰的批评与校正。在梅特兰与密尔松之间,笔者与当前英格兰法律史研究的主流不同,仍然更为同情梅特兰。密尔松批评梅特兰受法律人视角影响过甚,导致其历史研究缺乏了客观性。然而,正如笔者在附录的文章《"偏执"的普通法心智与英格兰宪政的奥秘》中所揭示的,要对英格兰普通法宪政进行现象描述,就必须具备必要的普通法思维,且能够从内在观点的角度来理解普通法心智,否则,相关的历史研究也是很有缺陷的。

因此,第二章对英格兰普通法发生史的现象描述之后,马上就在方法论层面对爱德华一世之前普通法研究的两大主要流派,即分别以梅特兰为代表与以密尔松为代表的两种研究倾向,进行了回应,提出了对英格兰普通法历史进行结构化解释的必要性。此种结构化解释的力量,尤其在爱德华一世之后普通法的历史解释中体现出来。如果说,在爱德华一世之前英格兰普通法的历史,仍然是偶然性占据核心地位,乃英雄人物创造历史的阶段,那么此后英格兰普通法逐渐变成了某种匿名化的存在。在17世纪前后,英格兰普通法的判例机制基本成型,英格兰普通法已经显示出其强大的力量。如果说,亨利二世的时代,英格兰普通法仍然不过是王权的一个工具,那么到了都铎时代,英格兰普通法已经逐渐脱离了王权的控制,变成了某种抽象和匿名的机制性存在。此种匿名化的机制一旦形成,就立刻产生了一种令人惊异的能量。柯克与国王之间的斗争,不过是此后英格兰革命的某种预演,也是英格兰普通法宪政逻辑的成熟。

第四章"普通法宪政与理性官僚制问题"是与韦伯的一个对话,也是对第二章与第三章内容的进一步提炼与深化。这样,本书的讨论就回到了第一章提出的理性官僚制与现代性的问题。我承认,这部分的讨论,受到了李猛《除魔的世界与禁欲者的守护神》一文的启示。这也是我学生时代反复阅读的一篇文章。在这一章中,我认为理性官僚制与绝对主义国家所代表的是欧陆的现代性经验,在此经验下所提炼出来的这两个概念并非观察和分析英格兰政制的好工具。因此,要理解英格兰所代表的独特现代性经验,就必须在基本概念的层次上进行创新。借鉴卢曼的社会系统理论,我认为普通法所代表的英格兰宪政经验,可以用反思理性的概念来进行描述和理解。

总之,在这一章,我得出了一个结论,认为英格兰普通法的运作逻辑,与韦伯的理性官僚制的运行逻辑,是两种完全不同的逻辑,同时也无法通过韦伯基于德国理性官僚制经验概括和提炼而成的四组理性化概念而得到描述与理解。也就是说,英格兰普通法完全能够胜任德国理性官僚制的工作,甚至比它更加有效率、更加"切事化",却是按照一种完全不同的逻辑运作着。因此,新的现代性理论,必须以此种经验为基础进行提炼与概念构造。反思理性仅仅是此种尝试的一个初步成果罢了。

最后一章“英格兰政体的两重性”则是一个总结，将英格兰政制概括为内部政制与对外政制两个层面，并提出两个层面的不一致性，继而将此种不一致性概括为两重性。在这一部分，我提出了一个命题——英格兰政制既强大又自由的秘密，就是将社会内化到国家之中，即整个国家的建构，恰恰是通过社会合作的方式进行的。因此，这样的政制高度尊重和包容社会自治，同时也高度尊重和包容个人的自由与创造力。与此形成鲜明对比的是，欧陆绝对主义国家，则是通过绝对主义国家的扩张，从而吞噬社会，形成了政治统领一切的局面。此种以支配为特征的绝对主义国家吞噬社会的结构，则造成了社会的萎缩与个人自由的萎缩。此种战争逻辑下形成的理性官僚制，从长远来看，并不能与英格兰版本的现代性抗衡，同时也并非现代性的唯一版本。18 世纪英法争霸欧洲的结局，两次世界大战的结果，以及美苏争霸的结局，都雄辩地证明了这一点。

最后本书还附了三篇论文。其中附录Ⅰ“偏执的普通法心智与英格兰宪政的奥秘”是本书写作的一个副产品，发表在《政法论坛》2013 年第 4 期。该文谈到了历史学研究进路理解英格兰普通法与英格兰政制的局限性问题，就其问题意识与研究内容而言，与本书是具有内在一致性的，因此也被放入到本书之中。附录Ⅱ和Ⅲ是本书作者主持的大观小组的一次会议“凯恩斯与新世界秩序”的一篇会议论文和发凡论文。这两篇论文都以英国为主题，与本书的主题也是具有内在联系的。如果说，本书正文是讲英格兰是如何成功的，那么附录的后两篇文章则是交待英格兰是如何体面地失败的。所谓英格兰体面地失败，既指英格兰虽然失去了世界霸权，失去了帝国的荣光，但英格兰并没有随着帝国的坍塌，而消失在世界的版图之中，或者作为老大帝国的遗留物而屈辱地存在于世界中，而是最大限度地保存帝国的利益和尊严，并且仍然是世界政治和经济中举足轻重的力量。同时，这也意味着，虽然新世界秩序超越和克服了英帝国，却没有丢失英帝国得以崛起的政制内核，即普通法所塑造的政治秩序及其精神内核。恰恰相反，新的世界秩序恰恰是英格兰普通法所塑造的政治秩序和精神内核的进一步成长，克服了英伦三岛的狭隘性，且通过美国这个载体，达到了更高程度的世界性。因此，附录的三篇文章可以看作在内容和逻辑上对本文正文的必要补充。有了这三篇论文，本书所讲的普通法的故事、英格兰的故事，似乎更为完整。

三

坦率地说，作为一名业余的英格兰法律史研究者，撰写这样一本关于英格兰普通法的小册子，常常会感到有些不自信。在写作本书的过程中，我时常想象来自英国史专业研究者投来的那种挑剔而又怀疑的眼神。当代英国史研究的一个重要基础，就是至今仍然保存着的大量中古时期以来教区基层的档案文件，许多档案文献从 13 世纪（甚至更早）以来，一直就没有中断过。这些基层档案相当详细地记录了当时普通英国人的日常生活、经济状况与法律关系。通过对这些档案的研究，我们就能够相当准确与精微地了解到整个英国社会的发展与转型的过程。与现代英国史研究相比，在 18 世纪和 19 世纪前后，构成现代英国史研究的许多基层档案文件，仍然没有得到系统的发掘与整理，因此当时的许多政治学与社会学的大家，例如孟德斯鸠、马克思、涂尔干、韦伯等人，他们对英格兰的研究，就带有很大程度的理论猜测与时代的局限性。例如，麦克法兰的成名作《英国个人主义的起源》，就证伪了这些大家的许多事实判断。更进一步，现代英国史研究甚至还指出，近代早期的许多英国史研究，都带有很强的党派色彩与主观色彩，充满了各种偏见与虚构。例如，20世纪晚期对所谓的辉格史批判，就指明了这一点。

也就是说，目前英国人自己的英国史研究的主战场，早已经转移到了对这些基层档案的发掘、整理、解释与辩驳的过程之中。目前的我显然缺乏对英国史基层档案材料的此种整理与解读能力，因此也就自动地被屏蔽在最纯正的英国史研究的主流之外。

当然，就当下中国的史学界而言，不光是我这个门外的业余英国史爱好者不具备此种掌握与分析第一手文献的能力，即便是专业的英国史研究者，包括英国法律史的研究者，恐怕具备此种能力的，也是寥寥无几。就笔者目力所及，目前在英国法律史研究领域，比较好的研究者，多是通过对英国法律史研究领域的一些可靠的二手文献的阅读与掌握，而从事相关领域的跟随性研究。

这里就出现了一个基本的学科与方法论问题——中国的英国史研究与英语世界主流的英国史研究，究竟是一种什么样的关系。如果中国的英国史研究，纯粹是跟随国际层面的英国史研究，追求的是与国际主流英国史研究的“同步性”，则难免会产生许多论者所批判的中国学术的“自我殖民化”问题。由于受制于语言、历史传统等各种因素，中国的英国史研究恐怕既难赶上英国本土学者的步伐，甚至也无法追赶加拿大、澳大利亚、印度等英国前殖民地国家英国史研究的水准。毕竟他们具有的优势不仅仅是语言的优势，还有历史传统的传承性与问题意识的关联性。

学科定位与方法论的问题，已经成为中国学者研究外国史的一个巨大的障碍。就笔者的有限了解，目前外国史研究普遍被此种问题所困扰，并因此导致整个外国史研究地位的下降，以及中国史研究地位的上升。这种状况也反映在法律史研究的领域。

因此，本书作者所面临的困境，多少也是中国的外国史研究所面临的基本困境。要解决这个困境，所有有志于从事外国史研究的学者，无论是专业的，还是像笔者这样业余爱好者，就必须诚实地问一下自己，作为一个中国学者，研究外国的历史，其意义何在？具体到英国法律史与政制史的领域，这个问题就是，对于一个中国学者来说，英国法律史与政制史研究为什么如此重要？

正是对这个问题的思索与领悟，使得我这个长期从事中国法治转型问题研究的年轻人，逐渐地对英格兰法律史与政制史产生了浓厚的兴趣。通过大量的阅读，我惊异地发现，对英格兰法律史与政制史学具有浓厚兴趣的，并不仅仅只有我这样一个外国人，还包括孟德斯鸠、基佐、马克思、韦伯、黄仁宇等一大批“外国人”，这些人都对英格兰的政制与法律具有浓厚的学习与研究的兴趣。现代英国史研究虽然揭示了他们研究中存在的这个或者那个史实错误，但并无法否认他们对英格兰政制与法律的此种认识兴趣的重要性。甚至，他们的问题意识，即便是在今天看来，仍然是富有洞察力的，并且仍然在深层主导着现代史学研究的基本问题结构。

孟德斯鸠、基佐、韦伯、涂尔干、马克思、托克维尔、麦克法兰、梅特兰、帕森斯、哈贝马斯、卢曼等学者，是我最近15年来反复阅读的经典作家。由于发现了他们与英格兰法律与政制问题的此种强关联性，因此他们相互之间的关系，以及他们在这15年来对我的教育与启发，不知不觉之间，又重新产生了新的化学反应，并且呈现出了一种相对比较统一的意义秩序。本书的写作，恰恰就是笔者在这15年的求学与工作期间，在个人阅读史与心智史中的此种秩序重构的结果。

说得通俗一点，此种心智秩序的重构，在某种意义上也是笔者个人“世界观”的重构。此前所列举的这些对笔者个人心智影响甚深的大人物们，他们对英格兰法律与政制的兴趣，恰恰也是围绕着对现代世界秩序的探源与理解而形成的。在某种意义上，如何理解英格兰的法律与政制，关涉的恰恰就是如何理解现代世界的问题。而理解现代世界的问题，恰恰是中国自1840年鸦片战争以来，一直没有解决的核心难题。长期以来，我们之所以在这个问题上一直没有进展，主要是因为我们很难直面自己。我们总是难以走出鸦片战争给我们留下的童年创伤，甚至此种童年创伤就构成了我们在现代世界中自我认同（民族意识）的内核。此种受害者心态，使得我们的心智一直停留在19世纪的世界秩序之中，既难以像韦伯那样向前追溯整个现代世界秩序形成的发生学前提，也难以顺应时代潮流，将思想与观念更新于冷战之后美国治下的全球化秩序之中。

此种心智的双重封闭，恰恰就是目前中国的外国史研究遭遇重重困境的根本原因。如果我们无法实现对周边世界秩序的认识，就难以真正地认识与理解中国的处境与问题,更不用说真正参透与解决中国问题。同样,如果我们不能站在一个中国学者的立场,基于中国问题的视野,我们也很难在诸如英国政制与法律史研究领域,作出真正属于中国学者的贡献。如果说,中国的英国法律史和英国政制史,仅仅是整个英语世界既有研究网络的某个分支机构,就像北京的国际机场之于整个国际航线网络的地位一样,那么中国的英国法律史和英国政制史研究完全可以没有。中国的英国政法史研究必须着眼于中国政制转型与社会转型的问题意识,参与解决中国如何加入、参与并改变现代世界秩序的核心问题。如此一来,英国政法史的研究,就并不仅仅是英国人的事情,同时也是中国人的事情。同样的,它也并不仅仅是历史学研究的对象,同时也是任何关心并思考如下问题的学者的研究与沉思的对象:中国如何通过加入世界而改变自身,世界又如何因为中国的加入而改变自身等。

就此而言,本书对英格兰普通法与英格兰政制问题的研究,就并非仅仅是一种历史学的研究,尽管本书在力所能及的范围内,吸收历史学研究的成果,遵循历史学研究的规范与伦理。本书关心的并非英格兰普通法历史的某个具体的制度或者历史细节问题,而是通过对既有的中英文的相关文献的阅读与分析,形成一个对英格兰普通法与英格兰政制的理解。因此,本书更像是对英格兰普通法与英格兰政制逻辑的一种深度的“凝视”。

第一章

现代性视野下的英格兰政体问题

学术研究难免受到研究者自身所处时代语境的影响和制约。二战后,随着世界霸权的变换和整个世界结构的转变,英国在整个国际政治和经济结构中的重要性和影响力,被美国全面替换与覆盖。由此带来了一整套关于国际政治与世界体系的认识的系统转变。就像英国逐渐从当代世界体系的霸主地位撤退到一个相对不显眼和次要的位置一样,国内学术界和思想界对英国历史与政治法律思想的兴趣,也逐渐消退和淡漠,英国,似乎正在从我们的视野中消隐,变得与我们越来不相关和遥远。至少,英国已难像1840年鸦片战争前后那样激起国内一流思想家和政治家的震动与关注了。

从国家现实战略利益的角度看来,这种认识兴趣的转换当然有其正当性。但是考虑到英美霸权转换的连续性,整个世界体系的性质并没有因英美霸权的交接而发生根本性的改变,即使苏联社会主义政权的崛起和美苏争霸两极格局的形成,也没有改变由英国奠定的整个西方现代世界体系的性质。因此,中国要成功地转型为一个现代国家,进入并且深刻地改变这个世界体系,必须面对与解决的,仍然是对这个现代世界体系的认识与理解的问题。1840 年前后,随着中英两国的接触而尖锐呈现出来的"认识与理解现代世界"的问题,仍然没有得到根本性的解决,由此带来的认识偏差至今仍在深层次制约着中国人在整个世界结构中的自我定位、战略选择与行动逻辑。从这个角度来讲,由于英国在新的现代世界体系的形成中所占据的独特地位,对英国的理解和研究,至今仍然具有重要的现实意义。

这就涉及如何理解现代世界的问题。现代性是一个复杂而歧义丛生的概念,迄今为止,一流的理论家们仍没有就该问题达成一致的理解。但现代性正在不断地拓展与自我深化,并且不可阻挡,倒没有太多的疑问。与理解的歧义相连的是描述现代世界的困难。从现代性形成一股不可阻挡的力量,并且推动现代世界结构形成的那一刻起,西方世界最杰出的一批理论家就展开了对现代世界的研究,而对现代世界的研究和理解,又往往与对英国的研究与理解联系在一起,例如伏尔泰、孟德斯鸠、基佐、托克维尔、马克思、恩格斯、韦伯等。尽管多数西方的理论家都将现代性看作西方文明的成就,认为其只能从希腊哲学、罗马法、基督教和中世纪欧洲的封建传统等欧洲历史遗产中得到理解,但无可置疑的是,在整个西欧世界中,英国在整个现代性问题中占据了既重要又特殊的地位。所有关心现代性问题的经典理论家几乎都承认,英国是所有西欧国家中最早完成现代性转型的国家,这表现为英国最早从政治上完成了所谓的资产阶级革命,最早完成从农业社会向资本主义社会的转型，最早进入并完成了工业革命，并且最平稳与最成功地完成了现代性的转型。

一、欧陆理论家眼中的英国与现代性

英国从一个位于欧洲边陲的中等实力的国家，转而变成一种无法被忽视的，拥有争霸欧洲之实力的存在，这大概是从 17 世纪中叶开始的。当英国人因为革命而陷入内战时，恰恰是法国最伟大的政治家黎塞留将法兰西帝国的辉煌事业留给太阳王路易十四的时候。而太阳王路易十四恰恰又是法兰西帝国最伟大的君王。伏尔泰在《路易十四时代》中，将路易十四统治的时代称作“有史以来最开明的时代”，将其与伯里克利时期的雅典、恺撒时期的罗马、文艺复兴时期的意大利相提并论，并且“是四个时代中最接近尽善尽美之境的时代”。[1] 由此足以理解法国人眼中路易十四时期法国的富强、繁荣与伟大。

与如日中天的路易十四统治下的法国展开霸权竞争的是英国。根据沃伦斯坦的研究，至少从 1672 年开始，英国与法国就已经取代了荷兰欧洲霸主的地位，相互之间围绕着欧洲霸权，甚至整个世界霸权展开了全方位的争夺。[2] 沃伦斯坦认为，到了 1763 年，英国与法国之间的这种竞争已经有了一个明确的结果，英国全面战胜了法国。

法国本来是有希望在这场竞争中大获全胜的。“法国有四倍于

1　[法]伏尔泰:《路易十四时代》，吴模信等译，商务印书馆，1996 年，第 5—7 页。

2　参见[美]沃勒斯坦《现代世界体系》第 2 卷，吕丹等译，高等教育出版社，1998 年，第 99 页。

英国的人口和更为强大的军队,它有丰富的自然资源,优良的港口和海军基地,而且它的工业在持续增长”[1],而英国由于内战,增长速度其实降低了。沃伦斯坦也指出,“似乎就在18世纪60年代,法国的精英们——知识分子、官僚、农学家、工业家和政治家——开始表述他们在某种程度上‘落后于英国’的感觉,并着手探究‘赶上’的方法”[2],而“这种感觉与印象对当时的社会与政治行为”产生了影响。[3]这可以理解为,法国与英国争霸的失败,构成了法国大革命宏观的背景。当时欧洲大陆对英国的崛起的震动,甚至可能并不亚于当年英国人的枪炮与产品对中国与亚洲所产生的震动。阅读英国知识分子的作品,到英国考察,研究英国,几乎成了当时法国知识分子的一种时尚。法国启蒙时期较早的哲学家,例如伏尔泰、孟德斯鸠,几乎都曾经在英国生活过,并且对英国的政治制度与哲学、科学领域的革命性变革产生了深刻的影响。英国的政治与民情、思想与科学构成了法国大革命最重要的外部背景,并且通过法国大革命又对整个世界范围的政治革命与社会革命产生了深刻的影响。

法国大革命被看作欧洲现代转型的一个分水岭,给整个欧洲带来了翻天覆地的变化,此后欧洲大陆的一系列的政治革命与社会转型的狂飙突进,使得整个欧洲的政治体制都发生了根本性的变化。马克思将这一系列发生在18世纪末与19世纪初的欧洲政治革命看作一场资产阶级革命,而英国发生于1640年的政治革命则是这一场资产阶级革命的先声。

---

1 [美]沃勒斯坦:《现代世界体系》第2卷,第334页。

2 [美]沃勒斯坦:《现代世界体系》第3卷,孙立田等译,高等教育出版社,2000年,第92页。

3 参见[美]沃勒斯坦《现代世界体系》第3卷,第92页。

但英国对欧洲大陆的影响并不仅仅局限于政治方面。英法争霸期间,英国国内为应付战争费用而成立英格兰银行,实现金融创新,此后英国逐渐成为整个西欧世界的金融中心。英国于17世纪末和18世纪初的工业革命,实现了现代工厂的大机器生产,大大提高了生产效率,降低了成本。英国生产的棉纺织品和其他工业产品因此大量倾销到欧洲大陆的市场,从而引起了欧洲大陆各地的小农经济与小手工业者的大量破产。马克思认为,这是路易·波拿巴能够成功复辟的基础,日益破产的农民阶层期待拿破仑三世能够采取措施,应对来自英国的世界性资本主义体系的侵袭,甚至拿破仑三世统一欧洲的帝国事业,也可以看作联合欧洲大陆,抵抗英国资本主义体系侵袭的一种结构性反应。

的确,在政治革命的视角之外,欧洲大陆理解英国及其带来的现代世界体系,更多的是从资本主义和现代性的视角来进行的。这也是欧洲大陆模仿英国革命相继失败后,观察和学习英国的新的理论版本。其标志性人物,则是卡尔·马克思与马克斯·韦伯。马克思将资本主义现代性看作人类历史发展规律的体现,而韦伯则将现代资本主义看作整个欧洲共享的希腊哲学传统、罗马的政治与法律制度、中世纪的封建制度、基督教新教改革的传统等一系列因素共同作用的结果,而其中的关键性因素,则是提倡禁欲的新教伦理。有趣的是,二者虽然都承认英国是较早实现现代性的国家,但无一例外地都从英国之外寻找现代性发生的奥秘。促使他们这样处理的一个重要背景是,如果仅仅将现代民主政治与现代资本主义经济归结为英国革命的成功,则欧洲大陆对英国革命的模仿并没有成功而平稳地将各国顺利带入英国革命后的那种既繁荣又富强的状态。这表明在英国革命之外,英国的成功有更加深刻的社会与文化的背景。如果能够将英国现代性经验的成功要素进行一般化的总结与概括,欧洲大陆就能够在英国之外建立起同样繁荣而富强的现代世界,从而超越并克服英国的经验。其中,马克思更加注重经济与技术因素的作用,而韦伯则更强调精神和文化的因素。

虽然马克思对现代政治与现代社会的理解,与黑格尔一样,都受到了以亚当·斯密为代表的英国政治经济学传统的启发,但他们共同的一个特点就是将整个现代性传统看作西方文明的成果,并且将这个转折概括成了一种客观的历史规律。黑格尔所提出的历史演变的辩证逻辑被马克思转化成更为具体的社会结构演变的辩证规律,并且被具体提炼成奴隶社会——封建社会——资本主义社会——社会主义社会——共产主义社会的历史规律,此外马克思还发展了斯密的政治经济学,提出了剩余价值的理论,为这套社会演变规律提供了政治经济学的解释。与黑格尔注重绝对精神的辩证发展不同,马克思与韦伯的研究带有更多的社会理论的色彩,更加注重传统和现代的断裂。尽管如此,在马克思的现代性理论的体系中,英国与现代性之间的特殊关系逐渐模糊了,英国仅仅因为较早进入现代世界而占据特殊地位,而现代性更根本的原因,则是整个人类社会演化和进步的根本规律。

马克思的理论对中国关于英国革命的研究影响甚巨。比较值得关注的是华人历史学家黄仁宇对英国革命的研究,因为他少有地将中国社会转型的问题意识贯穿在整个英国革命的研究之中。[1] 然而，黄仁宇的研究的缺陷也相当明显。很显然，他对英国革命的观察仍然受到马克思生产关系与生产力辩证关系的重要影响，根据这个解释框架，由于旧的封建生产关系并不适应新的资本主义生产关系，英国才爆发了革命。这样一个理论框架的特点是，将英国革命置于整个世界范围的资产阶级革命的序列之中，并且置于一个统一的资本主义革命的规律之中。

黄仁宇的一系列研究的原点是他对亲身参与的中日战争的观察与反省，中国与日本的这场战争，给他带来的刺激，应该不亚于1672年到1763年期间英国与法国争霸竞争给法国人所带来的刺激。他因此对由孔子《春秋》所开创的道德史学的传统产生了深刻的怀疑，提出不能仅仅从抽象的道德层面来检讨历史事件，而应该从技术的层面来考虑问题。这种问题意识很值得鼓励，确实也为认识英国与西欧转型时期的重大历史事件扫清了许多认识的障碍。然而这种过分的唯技术论倾向又使得黄仁宇不能体会隐藏在技术后面的宗教、价值观等在社会转型过程中所起到的作用。因此，无论是分析中国革命还是英国革命，无论是中国传统的儒家道德观还是英国革命时期具有重要分析价值的宗教思想以及自由民主的理念，他一概将其化约为一套表面的道德化托词。因此之故，他才会很方便地将引发英国革命的清教、天主教与英国国教之间的宗教斗争比拟成中国朝代政治中随处可见的各种仪式性争论。如此一来，英国革命的一些微妙而重要之处，黄仁宇便很难细细体会。

1　参见黄仁宇《资本主义与二十一世纪》第四章“英国”，生活·读书·新知三联书店，1997年。

更重要的一个例子,便是对待英国普通法的态度。在黄仁宇那里,英国的普通法不过是中世纪旧社会各种陈规陋习的总汇合,是阻碍英国资本主义进一步发展的绊脚石,因此也是英国革命最深层的原因。因为旧的以封建制为特征的中世纪习惯法,一方面使得土地等财产无法自由买卖,为商品的自由交易设置了各种烦琐程序,另一方面又让许多商品交易处于法律状况不明的地位,最后积重难返而使资本主义市场体系所必需的信用和数字化交易体系难以建立。英国革命无非以一种暴烈的方式,一次性地解决了产权的模糊性难题。而这同样是中国革命的深层原因。[1] 这是黄仁宇解释中国历史最基本的理论框架,即"潜水艇夹肉面包"比喻的理论原型,也是黄仁宇对中国革命与未来保持过分乐观态度的根本缘由。根据黄仁宇的这个理论,由于国民党改变了中国的上层,而共产党改变了中国的底层,这就为连接底层与上层的法制建设创造了良好的条件。

黄仁宇对待英国普通法的这种态度完全曲解了英国普通法在英国革命与英国社会转型中所扮演的积极角色,因此既没有看到英国革命前后英国法治与英国社会结构的连续性,也没有看到英国革命相对于任何其他革命所具有的特殊性。

相对于马克思和黄仁宇的英国革命论,韦伯对英国革命前后法治的连续性与英国普通法和英国资本主义关系的理解就更加贴近现实。英国法问题因此也成了韦伯理论中难以处理的核心难题。与马克思和黄仁宇一样,韦伯也认为政治革命不过是社会革命的极端体现,因此要理解政治革命,根子仍然在社会本身。因此,韦伯的现代

1　参见黄仁宇《资本主义与二十一世纪》第四章"英国"。

性理论中，对政治革命着墨不多，政治革命基本上没有构成韦伯现代性理论的主题。与马克思和黄仁宇不同的是，在韦伯看来，引发英国革命与社会转型的根本原因并非英国旧法治的落后，而是清教革命所带来的理性化逻辑的展开。[1]

韦伯的研究比马克思更进一步。他扬弃了马克思的历史发展的必然规律的思想，认识到现代资本主义的产生是一系列偶然因素共同作用的结果，其中西欧长期历史发展形成的一系列文化遗产对现代资本主义的产生具有重要的意义。他尤其注重宗教改革之后，新教中的加尔文教派的预定论思想对于现代资本主义产生的关键意义。而德国、荷兰与英国这些完成新教改革的国家，则共同分享和承担了现代资本主义诞生的伟大过程。如果说马克思对西方现代性的唯物论解释是一种颠倒的黑格尔主义，则韦伯又再次颠倒了马克思的唯物论解释，用新教伦理来解释发生于西方的这场浩大与深刻的现代性转型，并且用理性化的概念来概括发源于西方的这场现代性转型。虽然韦伯的发生学研究缩小了黑格尔与马克思对现代性源头的搜寻范围，但英国的特殊性仍然掩盖在新教革命的大军之中。

韦伯并非完全忽视英国的特殊性问题。他将新世界的逻辑看作一种不可阻挡的理性化逻辑，同时也悲观地看到现代世界的理性化所带来的不可避免的恶果，即理性官僚化与理性铁笼。唯一有可能克服这种理性化铁笼的是成熟的代议制的民主政治体制，而英美似乎恰恰就是这种成熟民主政治的典型与代表。[2] 无论是法国还是德

---

1 参见［德］韦伯《新教伦理与资本主义精神》，阎克文译，上海人民出版社，2010 年。

2 参见［德］韦伯《以政治为业》，载《韦伯政治著作选》，阎克文译，东方出版社，2009 年，第 247—296 页。

国,所建立的新的代议制体制,要么生命脆弱,要么软弱幼稚,都未能像英美政治那样,保持一种政治的成熟,一种审慎商议的尺度感,一种常识的理性。吊诡的是,韦伯尽管羡慕英国的民主政治体制,却同时批评英国的乡绅政治的理性化程度不够,并认为美国业余的乡镇民主似乎也同时正在被理性化的官僚体制所吞没。[1]

一方面,英国的民主宪政政体构成了韦伯的德国官僚化政治的对立面,并且在韦伯克服德国官僚化与理性化的铁笼命运的思考中成了源源不断的灵感源泉,但另外一方面,英国的乡绅政治的非专业性与英国普通法的决疑论特征又被韦伯看作现代性不充分的表现。一个最早实现现代性,并且构成了西欧多数国家建设现代性的原型的国家,同时又被最伟大的现代性理论家看作现代性较不充分的国家,这本身就是一种悖谬,何况英国是当时整个现代世界体系中最强大的国家,也是韦伯这样的德国民族主义者眼中能够与德国抗衡的最强大、最健康和最可敬的对手。

英国政体和英国法的问题,由此就成了韦伯的政治社会学与法律社会学中最难以处理的问题,在韦伯的理论体系中,始终无法为英国政体与英国普通法提供一个合适而恰当的位置。这反过来又让人怀疑韦伯整个分析西方现代性的理论结构所赖之以为基础的经验现象学根基是否合适。

尽管如此,在几乎所有的欧洲大陆的现代性理论中,韦伯的解释框架具有更深刻的启示意义,因为韦伯突破了政治/经济的二元解释框架,而从发生学的角度深入到社会结构转变的研究之中。韦伯从

1 参见[德]韦伯《以政治为业》,载《韦伯政治著作选》,第247—296页。

宗教、经济结构、法律等诸多层面对传统社会与现代社会所做的历史发生学的研究路径，给我们对该问题更深入的研究提供了很大的启发。

革命未必总是代表着新旧两个世界剧烈的断裂。革命的这个含义仅仅代表着法国大革命以来欧洲大陆的经验，在英国的政治传统中，革命的本意反而是复辟，意味着某种传统的回归。英国革命中，查理一世和詹姆斯二世的重新掌握政权，可以被看作一种复辟，同样的，古老的宪政制度的重新建立，也可以被看作一种更深刻与彻底的复辟，恢复的是自都铎王朝以来屡受威胁，且被斯图亚特王朝彻底破坏的普通法传统和议会传统。

哪怕是 17 世纪和 18 世纪西欧人普遍感受的物质财富的急遽增长与生活方式的剧烈改变，也很可能是古老传统的某些核心因素与诸如新大陆的发现等重大历史事件结合而催生出来的结果。因此，要研究英国的现代性转折究竟是如何产生的，我们就要摆脱毕其功于一役、将现代性转型归结到激烈的政治革命的诱惑，而将目光转换到更深远的英国整个社会结构的观察与检讨之中。

反过来看，现代性问题之所以成为一个普世化的问题，有两个重要的经验现象学的基础。一个是 17 世纪末和 18 世纪由大规模工业革命所带来的社会结构的转型和生活方式的剧烈改变，以及由此带来整个西欧社会普遍的心理学感受。这就像一个人突然由乡村的田园风光走进了高楼林立、由各种机器提供自动化服务的城市生活中所产生的鲜明感受。很显然，现代大规模的机械服务和工业产品以及新的大规模雇佣制的生活方式带来现代与传统断裂的强烈感受。

另外一个更加隐秘的基础则是,随着英国的资本主义式的经济体系与工业体系逐渐渗透到西欧乃至整个世界,英国式的政治结构、经济体系与生活方式也扩张到西欧直至整个世界。这显然大大改变了英伦岛屿之外世界的形态与规则。在英国刺激下,对半被动或者全被动接受英国式政治、经济、法律和社会形态的国家来说,这种与自身传统断裂的现代感受,就更加强烈。

很显然,对于现代性理论传统而言,第二种经验感受具有更加直接和基础的意义。然而,这未必意味着,现代化即英国化,而是说,在当时由英国开启并主导的世界体系中,要实现现代化,就必须改变自身,适应这个世界体系,并且通过这个转变和适应的过程,在这个世界体系中争取到一个合理的位置。然而这并不容易。前提是必须真正地理解这个新世界的开启者英国本身。而过分依赖这种断裂感受,就未必能够真正理解为世界其他角落带来现代性的英国。同时,忽视或者不承认这个现代世界是由英国带来的,且仅仅是由英国带来的——就如马克思和韦伯所做的那样——也未必能够理解这个现代世界。

要理解英国及其所开启的现代性,最好的方法莫过于回到这种现代性扩展到西欧后所带来的最初的经验。正如前文所述,最初并最强烈感受到英国此种现代性力量的,莫过于与英国一水之隔且 17 世纪称霸欧洲大陆的法国了。很显然,18 世纪与英国在欧洲以及欧洲之外的其他所有角落展开激烈争夺的法国人,对英国人所带来的这种现代性之强大才最感同身受。而这一时期法国理论家所感受到的英国的这种现代性,或许对于我们理解英国与现代性问题最有案例价值。

回溯 18 世纪末和 19 世纪初的法国理论家,并不意味着我们要像当时多数的法国理论家那样,通过对英国的议会制度的赞美来就事论事地讨论英国政制的优势。我们更关注的是这些 18 世纪末和 19 世纪初的理论家们对英国的民情与政治之间复杂关系的一些直观的感受。这种直观感受或许有助于我们理解英国现代性的奥秘,以及英国现代性之被英伦岛屿之外的他者所误解的真正根源所在。

很显然,这样一种理论兴趣,具有一种政治社会学色彩的意味。果然,最能够引起我考察兴趣的,也是两位带有强烈政治社会学色彩的理论家,即孟德斯鸠和托克维尔。其中,我之所以关注孟德斯鸠,既是因为受其《论法的精神》中"英格兰政制"那一章的吸引,同时也受到了麦克法兰相关著作中对孟德斯鸠相关论述分析之启发。而本文对托克维尔的关注与思考,则受于向东对《论美国的民主》所进行的讨论的启发。因此,托克维尔是本文写作最重要的灵感源泉和指引。无论是孟德斯鸠、托克维尔、麦克法兰还是于向东,最终给作者的研究指引的方向仍是英国的政治中令人惊异且充满活力的地方自治共同体的传统。

二、地方自治传统及其起源:英美政治的奥秘

托克维尔在考察美国时,发现了一个惊人的秘密,他认为这个秘密正是美国能够在浩浩荡荡的民主时代保持个人自由,并且日渐富强的根本原因——美国没有欧洲大陆随处可见的衙门。所谓的衙

门,也就是韦伯既津津乐道又痛恨不绝的理性官僚制。与欧洲大陆的这种衙门体制不同,在新英格兰地区的乡镇,托克维尔发现了一种与法国乡镇完全不同的治理形态,即乡镇相对于更高一级的县政府而言的“独立与有权”。而美国各州相对于联邦政府的“独立与有权”,则只不过是县乡对于州政府的“独立与有权”的扩展和延伸而已,因此也是美国乡镇相对于县政府“独立与有权”的关系的一种应用与扩展。乡镇只有在涉及公共利益的必要范围内,才会将部分权力转交给县与州的政府。而“新英格兰的居民没有一个人会承认州有权干预纯属乡镇的利益。因此,在新英格兰的乡镇,买卖东西,打官司,或增减预算,州当局从来不加干涉,而且它也不曾想过”[1]。因此,美国乡镇的自治构成了美国政治结构的基础,也构成了理解美国政治之奥秘最重要的一把钥匙。[2] 这样一种政治结构完全迥异于法国的中央集权的政治结构。在法国的政治结构中,中央政府控制了一切重要的权力,乡镇的政治结构之所以有存在的必要,仅仅是由于他们对治安的贡献。美国乡镇治理结构所拥有的那种独立与自治,在法国是根本没有的。

在乡镇的治理结构内部,则是完全按照民主的精神组织起来的。“乡镇的公权的源泉是人民,但其他任何争取的权力的行使都没有这里来得直接。”[3] 每个人都参与到乡镇的管理,“选民的任务是经常开会审议乡镇的管理措施,而各式各样的官职,即形形色色的官职,则独立于选民之外,在自己的职权范围内代表权力很大的乡镇自治体,

---

1　[法]托克维尔:《论美国的民主》,董果良译,商务印书馆,1996 年,第 73 页。

2　参见于向东、刘苏里《美利坚的政治基础》,载《Soho 小报》2009 年 12 月。

3　[法]托克维尔:《论美国的民主》,第 68 页。

并以这个自治体的名义行动”[1]。

美国乡镇民主自治的精神构成了美国政治最深层的奥秘，也构成了美国政治的稳健与保守的最深层奥秘。于向东曾经将美国乡镇的这种治理形态概括为：基于空间聚合而产生的那种社区的共同感，导致美国政治更加关注本国国民利益，而较少受欧洲大陆那种宏大的意识形态口号或者空洞的国家利益号召的迷惑。然而，这样一种乡镇式的紧密的社区共同体生活如何产生的？又如何能够抵抗中央集权化冲动的腐蚀与侵袭？托克维尔对此并没有进行过多深入的研究，他仅仅将其与美国的新大陆与新世界联系起来。这暗示着这种社区共同体不过是新世界的一种创造，是旧大陆所缺乏的。另外，托克维尔当时也明确强调这种乡镇精神以人民主权原理为基础。其潜台词似乎是说，正是浩浩荡荡的新的民主潮流造就了美国的乡镇精神。[2] 如此一来，施行贵族政体的旧宗主国英国便与美国乡镇精神关系不大。虽然托克维尔在《论美国的民主》之外的地方，也强调只有美国与英国两个地方强调地方自治的重要性。

然而，在多年之后写就的《旧制度与大革命》中，托克维尔又发现了一个与之前判断大相径庭的惊人事实，那就是在欧洲大陆遥远的旧封建制度中，居然也存在着与美国乡镇制度惊人相似的自治的地方性社区共同体：

> 很多迹象表明，在中世纪，每座村庄的居民都曾组成有别于

1　[法]托克维尔：《论美国的民主》，第75页。

2　[法]托克维尔：《论美国的民主》，第72页。

领主的集体。领主利用、监督和统治这种集体;但是它共同占有某些财产,其财产是属于它自己的;它选举自己的首领,通过民主方式自行管理。

这类古老的教区制度,在所有经历过封建制的国家和带有这类法律遗迹的国家的所有地区都可以找到。在英国,这种痕迹随处可见;在德国,60年前它还盛行,读一下伟大的弗里德里希法典,就会对此确信不疑。在18世纪的法国,也还有若干遗迹存在。

当我在一个总督辖区档案中第一次查阅旧制度下教区的状况时,记得我曾惊异地发现,在这如此贫困、如此受奴役的社区中,竟具有许多美国农村村社的特点,我过去曾为之震惊并误认为这些是新世界独有的特点。二者都没有常设的代议制,没有严格意义的市政府;二者都是在整个社区的领导下,由官员分别进行治理。二者都不时举行全体会议,会上由相聚一堂的全体居民选举城市官员,决定重大事务。总之,二者彼此相似,就像一个活人和一个死人相似一样。

二者命运迥异,事实上却有同一起源。

由于远离封建制度,完全自己管理自己,中世纪农村教区就变成了新英格兰的镇区(township)。由于脱离领主,但被控制在国家的强力之下,它在法国就变成了下面的样子。[1]

1　[法]托克维尔:《旧制度与大革命》,冯棠译,桂裕芳、张芝联校,商务印书馆,1996年,第88—89页,引文中着重号为笔者所加。

因此,思考的方向便发生了根本性的颠倒:旧制度中的这种乡镇自治是如何在旧大陆中被破坏与摧残,而又为什么能够保持在新大陆的新政体之中呢?考虑到美国最初作为英国殖民地而存在,以及新英格兰地区的早期建设者是来自英国的清教徒,因此一个可能的猜测,就是新大陆的这种乡镇自治精神,与其殖民地母国有着重要的联系。新大陆的乡镇自治与英国的基层自治的本质区别,在托克维尔看来,乃在于英国封建制下所形成的贵族制度。然而,通过一个更加细致的考察,我们可以发现,英国的封建制度并没有完全替代古老的乡镇社区体制,恰恰相反,在英国封建制度形成过程中,征服英格兰的威廉一世反而有意识地保留了英格兰原有的地方村镇自治的传统。

我们不妨先来看看旧世界中的那个古老的乡镇社区体制究竟是一种什么样的体制吧。首先,托克维尔明确地指出,与这种村社体制相适应的是中世纪的封建制度。法国年鉴学派的创始人之一,同时也是西欧封建制研究集大成者马克·布洛赫根据西欧封建制形成和发展的历史,将中世纪历史分成了两个阶段:从公元476年西罗马帝国覆灭到公元10世纪左右,是欧洲中世纪封建社会的第一阶段;而从公元11世纪开始到16世纪继受罗马法、文艺复兴和宗教改革(3R运动)时代,则是欧洲封建制度的第二阶段。[1] 中世纪封建社会第一阶段其实又可以被分成两个阶段,其中6—8世纪其实还没有产生封

1　参见[法]马克·布洛赫《封建制度》,张绪山译,商务印书馆,2004年,第121—122页。布洛赫对西欧中世纪的这种分期,基本上为后世中世纪封建制度研究者所接受,例如,美国法史学家伯尔曼就大致接受了布洛赫的这种分期法。参见[美]伯尔曼《法律与革命》,贺卫方、高鸿钧等译,中国大百科全书出版社,1993年,第58页。

建制度,而更像是一个比较纯粹的部落社会,从 8 世纪才开始产生某些封建制度的因素。因此,这一阶段最突出的特征,其实并非封建制度,而是日耳曼的部落社会;从公元 8 世纪开始,为了应付来自东方游牧民族骑兵的侵袭,欧洲才逐渐发展起封建制度。

在罗马帝国废墟中建立起来的日耳曼人社会是一个又一个小型的部落社会。按照伯尔曼的观点,在欧洲 6 到 11 世纪,已经形成了一种统一的政治结构模式。最小的政治实体是 Villae,即村庄,这些村庄组成了 centenarii,即百户区,百户区则又组成 comitatus,即郡,“这些地方单位最先产生于来自西亚的游牧部落吞并了西罗马帝国的残余部分,并在 4、5、6 世纪最终定居下来的时候”[1]。

伯尔曼认为随后另外一种政治单位,即领主也产生了。定居下来的部落将自己托庇于某些处于领导地位的权贵,并向他们提供某些服务,而这些处于领导地位的权贵则提供食物、衣物和安全作为回报。权贵人物早期给予的馈赠主要是各种贵重的动产,例如牛(cow),而封建主义(feudalism)的词根拉丁文 feudum 转译于日耳曼词 feod,而 feod 恰恰是“牛”的意思。[2] 最终,这种关系越来越普遍,而且内容也逐渐固定为领主与封臣的关系,领主将土地分封给封臣耕种,而封臣则提供各种服务作为对领主的封建义务。

因此,到了 11 世纪末 12 世纪初,广泛存在于欧洲的是这样一个松散的政治体系:1.地方单位;2.领主单位;3.部落单位;4.地域较大但组织非常松散的公国或侯国;5.王国,其中法兰克王国从公元 800 年

---

1 [美]伯尔曼:《法律与革命》,第 364 页。
2 参见[美]伯尔曼《法律与革命》,第 364 页。

开始变成帝国。

当时整个欧洲在11世纪之前很大程度上还是农业经济，主要由农业、畜牧业和辅助性的狩猎所构成，人口稀少，几乎没有数千人的大城市，并且交通与通讯技术极为落后，只有少数僧侣、修士和权贵才有机会进行长途的旅行。[1] 一封信件常常要经过几个月才能够被送到另外一个地方的人手里，并且极有可能由于各种意外情况而中途遗失。因此，中央政权很少有条件和能力在地方安插自己的代表对地方进行统治。同时，庄园与百户区以上的行政管理受制于当时的客观条件，也是非常落后与有限的。

这种部落社会，也就是托克维尔发现与美国新大陆的农村公社具有很强相似性的社区共同体。社区共同体的一个特征就是共同体事务的民主管理与自治。社区共同体拥有共同的公共财产，并且通过选举的方式选取社区领导人。社区共同体的所有重要事务都通过共同体所有成年男性都有权参加的民众大会来决定。民众大会同时也是社区共同体的法院，塔西佗的《日耳曼尼亚志》曾经非常生动地描述过民众大会作为法院审判案件的过程。[2] 社区共同体的人们由于具有一种于向东所称的"空间的聚合感"，因此能够对社区的政治形成有效的监督与制约，并且形成一种重要的统治德性。

此外，我们必须注意到，中世纪日耳曼的社区共同体虽然与美国的乡镇自治共同体在民主自治管理方面有着惊人的一致性，但仍然

1　参见[美]伯尔曼《法律与革命》，第61页；亦可参见布洛赫《封建社会》，张绪山译，商务印书馆，2004年，第124—130页。

2　参见[古罗马]塔西佗《阿古利可拉传　日耳曼尼亚志》，马雍、傅正元译，商务印书馆，1997年。

有着重要的区别。由于当时欧洲交通的落后,整个欧洲缺乏一个统一与共同的政治制度,将整个欧洲连接起来的是基督教的信仰。这样一种连接的纽带是文化与宗教,而非政治与经济。按照伯尔曼的观点,甚至在 11 世纪末和 12 世纪初的教皇革命之前,教会也被地方性的社区共同体所侵蚀,不得不本地化,与当地社区共同体的人通婚,才能够渗透进社区共同体,发展教会事业。[1]

因此,美国的乡镇自治共同体与中世纪日耳曼部落性的自治共同体的一个实质性差别,就是美国的乡镇共同体存在于一个更大的彼此互相联系的国家共同体之中,并且在这个国家共同体中坚韧地保持着乡镇民主自治管理的结构,而中世纪日耳曼的部落共同体的民主自治管理结构的维持,却依靠当时落后的交通与松散的国家体制的自然保障。从事后的角度来看,欧洲大陆的日耳曼部落共同体最终没有抵御得住中央集权的国家政权的破坏与摧残,最后无一例外地衰亡了。托克维尔观察到的分野是 15 世纪到 18 世纪发生的。15 世纪恰恰是欧洲的绝对主义王权开始扩张的时期。在英国,这是亨利七世开创都铎王朝的时期,这也是英国最具有绝对主义王权特征的时期;在法国,15 世纪末英法百年战争的结束,意味着法国长达一百多年的绝对主义君主体制演变的开始和勃兴。

因此,问题的关键就转换成:为什么这样一个中世纪的村社共同体,在脱离了封建制度的松散治理结构,进入到一个更大的国家共同体之中的情况下,在美国就仍然能够存活,在英国,至少也是作为遗迹到处可见,而在法国,就变成了一个死人呢?

1　[美]伯尔曼:《法律与革命》,第 104—105 页。

很显然,这里涉及一个国族建构的问题。而这个国族建构的问题,恰恰是英美政治与欧洲大陆政治开始产生分野的地方。因此,要研究英国在 15 世纪到 18 世纪这段时期演变的特殊性,可能就需要更加深入和辽远的历史背景,由此,问题的背景就转换到了 11 世纪前后现代英格兰民族形成的开端。

熟悉英国普通法历史的人清楚,英格兰民族的建构,与英国的国家建构过程是重叠的,甚至是同一的。其标志性的起点,则是 1066 年的诺曼征服。这一年也被许多历史学家看作英格兰历史的真正开端。而这个开端,恰恰同时又是英国普通法历史的开端。一部英格兰的民族建构史同时也是英格兰的国家建构史,同时也就是英格兰普通法的历史。

然而,要了解英国普通法的性质,就不能不了解英国普通法产生之前英格兰地区所存在的日耳曼民族的部落法和封建法。只有对此有清晰的了解和体悟,我们才能够更加清楚地看到新的普通法体系和传统是如何一点点地形成和发展起来的。通过英格兰王室法产生的背景、推行英格兰王室法的英格兰王室所采取的令状制度、陪审团和巡回法院等特定的政策措施,以及与欧洲大陆西西里、法兰西等其他王室法之间的比较,作为英格兰普通法发展早期阶段的英格兰王室法发展的一些特殊性,就可以得到更清晰的呈现。Common Law 这一名称,即普遍适用于英格兰王国全境的法律的含义。

迄今为止,国内对英国普通法的研究,基本上局限于西方法制史的分支学科“英国法制史”研究领域,内容也是对英国普通法发展过程和一些技术细节的描述。尚无人从政治思想史、政治哲学的高度,综合运用法史学、政治哲学和社会理论等跨学科的方法对英国普通法、对英美政制,以及对作为英美政制之基础和背景的政治文化和政治哲学之影响与意义进行揭示和说明。这与英国普通法对英国政制以及英美政治哲学所具有的重要意义是不相称的。下面,我们就尝试通过对英国普通法的起源和发展历史的梳理,以及英国普通法在英国政治性格和政治思想史中所扮演的隐秘角色的挖掘和分析,来探讨英国普通法对于现代英美现代政治性格的构成性意义。

第二章

普通法对英格兰政体的形塑

一、诺曼征服后英格兰治理的复杂性

1066年,诺曼底公爵威廉带领诺曼军队跨海征服英格兰,对英格兰的历史产生了重大的影响,通常被认为是英格兰民族历史新的开端。在诺曼人来到英格兰之前,英格兰虽然位于整个西欧日耳曼世界的最西部,因此基本上不受来自东方世界异教徒的侵扰,但仍然在北欧海盗的侵略下疲于奔命,一次又一次地被北欧的丹麦人所征服与统治。[1] 这与英格兰当时的政治与社会结构的松散性,是紧密联系在一起的。此时的英格兰虽然已经出现了大小不一的王国,然而这些王国仍然是中世纪第一阶段的部落军事首长在应付战争中逐渐形成的松散的统治结构,王国的基础仍然是各地联系松散的部落共同

1 马克垚:《英国封建社会研究》,北京大学出版社,2005年,第4—5页。

体。这就很难有效地形成政治动员与军事组织能力并有效应对北欧海盗的侵袭。

威廉一世继承英格兰王位以后,就开始着手将经诺曼底公国改造过的欧陆封建制度移植到英格兰,有效地改变了当时英格兰政治结构松散的状态。首先,诺曼人系统地调查了英格兰的土地状况,制作了末日审判书,将英格兰的土地进行精细分割,交错地分给了参与征服的诺曼贵族。[1] 分封土地制度的基础是王室掌握大量的土地,为此威廉父子依靠残暴的武力来打击英格兰的本地贵族,掠夺他们的土地,从而实现了这一点。[2]

除了授予诺曼贵族土地,以增强其忠诚性外,威廉一世并未如欧洲多数封建公国那样,放任这些封建领主们任意分封下级封臣,自由扩张,形成各级封臣"只认直系封建领主,眼里却没有国王"的局面。[3] 1086年,威廉召集全国大大小小的封建贵族在索尔兹伯里召开宣誓大会,宣布效忠国王,所有不宣誓效忠者,即剥夺其领地与爵位。由此形成了"国王封臣的封臣仍然是国王的封臣"的局面。[4] 这是威廉一世对封建制度最大的改造。如此一来,原来各级贵族与国王之间的松散关系开始变得紧密,国王时刻提醒贵族们,他们拥有的土地来自国王,并且国王拥有终极的土地所有权,因此之故,他们必须时刻效忠国王,紧密地团结在国王的周围。

1　Plucknett, *A Concise History of the Common Law*, Citic Publishing Hause, 2003, pp.11–13.

2　Kenneth O. Morgan ed., *The Oxford History of Britain*, Foreign Language Teaching and Research Press, Oxfrod University Press, 2007, p.121.

3　咸鸿昌:《英国土地法律史——以保有权为视角的考察》,北京大学出版社,2009年,第43页。

4　[英]梅特兰:《英格兰宪政史》,李红海译,中国政法大学出版社,2010年,第105—107页。

威廉一世推行经过改造了的封建制度，以加强王权的做法，既有诺曼底小公国统治经验的背景[1]，也是统治英格兰的现实需要。诺曼征服以后，征服者和本地的盎格鲁-撒克逊人之间，在语言、文化、习俗等诸多方面，都存在着很大的差异，被看作外来的征服者。威廉一世完全清楚当地的盎格鲁-撒克逊贵族对征服者的怨恨和厌恶，因此入侵英格兰的诺曼贵族必须紧密地团结在王权周围，才能够巩固和加强自身的力量，打压地方贵族的反抗，从而形成稳固的统治。

当然，诺曼底公国虽然强大，但毕竟还是个小公国，简单地靠极权和镇压的方式，显然并不足以统治地域辽阔和富裕的英格兰。诺曼人征服英格兰以后，发现这里气候适宜，地产丰饶，是一个比诺曼底半岛好得多的地方，显然希望能够长期统治。相对于英格兰当时150万甚至更多的人口，威廉一世带来的总数未超过25000人的诺曼族群也很难依靠武力来维持长期统治。因此，诺曼人要长期统治英格兰，就必须依靠与英格兰本地势力的合作，并且建立起统治的正当性。[2] 如此一来，威廉一世在诺曼征服后加强王权的努力，体现出了诺曼王权与英格兰地方势力之间更加错综复杂的微妙关系。

在这方面，威廉一世也大有文章可做。虽说威廉一世取得英格兰王位的手段并不光彩，主要依靠的是武力的征服，并且带有一定的运气成分，但说威廉取得英格兰王位毫无合法性，也有些言过其实。至少在下面几点，威廉获得英格兰的王位还是可以被看作具有正当

1　谷延芳、黄秋迪：《英国王室史纲：从诺曼征服到维多利亚时代》，黑龙江人民出版社，2004年，第7页。

2　［美］迈克尔·亚历山大：《英国早期历史中的三次危机：诺曼征服、约翰治下及玫瑰战争时期的人物与政治》，林达丰译，北京大学出版社，2008年，第35页。

性的。首先，威廉声称自己与忏悔者爱德华之间也有姻亲关系，甚至从血缘上讲，比哈罗德还要更接近忏悔者爱德华的血统；事实上，忏悔者爱德华从小在诺曼底王室长大，平时说的是诺曼人说的法语，确实与威廉家族关系相当密切。其次，当年忏悔者爱德华曾经允诺将王位传授给威廉一世；[1] 再次，哈罗德也曾经允许支持并帮助威廉一世取得王位。最后，哈罗德继承王位，也没有获得罗马教廷的认可。[2]

当然，最重要的是，在威廉公爵征服英格兰后，他继承王位的正当性，得到了贤人会议的承认。正如前述，在诺曼征服前的英格兰，虽然已经开始了缓慢的封建化过程，但整个社会结构的基础，仍然是各种地方性的部落与小王国。历任英格兰的王位继承的正统性，主要并不在于血统，而在于选举。因此，在威廉公爵与哈罗德竞争王位继承权时，贤人会议的选举与认可，是王位继承正当性最重要的标志。[3]

威廉一世取得英格兰王权的这种复杂性，使得诺曼征服后很长

---

1 原来忏悔者爱德华生前，曾对于哈罗德之父威塞克斯伯爵古德汶割据一方的势力感到威胁，已经围绕着王位的继承问题，与古德汶父子展开了一系列的斗争，并且确实一度通过贤人会议推举表弟威廉公爵继承自己的王位。这种安排既巩固了盎格鲁-诺曼联盟，以对抗北欧海盗的侵袭，同时也有力地制约了威塞克斯公爵对爱德华家族王权的威胁。只是由于古德汶的第二个儿子哈罗德出色的政治和军事能力，逐渐控制了英格兰王室，并且费尽心机地找回了忏悔者爱德华的侄子“放逐者爱德华”及其子埃德加王子来替代威廉公爵继承王位，才逆转了英格兰王位继承的这一趋势，并且完全取得了忏悔者爱德华的信任，掌握了英格兰王国的实际权力。因此，威廉公爵获得英格兰王位，也本身就是一个漫长故事发展中的一个部分。[美]迈克尔·亚历山大：《英国早期历史中的三次危机：诺曼征服、约翰治下及玫瑰战争时期的人物与政治》，第1—52页。

2 [美]迈克尔·亚历山大：《英国早期历史中的三次危机》，第27—28页。

3 最初贤人会议并不承认威廉一世继承英格兰王权的正当性，其中一个重要的原因，就是威廉公爵的私生子身份，此后又承认威廉公爵继承王位的合法性，重要的原因就是威廉公爵在已经军事上征服了英格兰的情况下，仍然宣称遵守忏悔者爱德华一世时期原有的法律与政治制度，以继承者而非征服者的身份进入英格兰。参见[英]梅特兰《英格兰宪政史》，第40—43页。

一段时间内的王权建构过程也体现出了高度的复杂性。由于另外一个因素的存在，诺曼征服后英格兰王权的建构变得更加复杂。为了巩固统治，威廉一世大力打击本地的盎格鲁-撒克逊贵族，并将它们的土地分封给诺曼贵族。这一举措虽然大大地增强了诺曼贵族与王室之间的联系，却面临着这些新贵族的重新地方化问题。随着时间的推移，当这些受封贵族家族经历了第二代、第三代时，他们与王室之间的利益联系就越来越弱，离心化也就越来越强。[1] 另外，根据梅特兰的考证，"诺曼贵族是在英格兰土地所有者的土地被剥夺之后取代其原来的位置而成为新的土地所有者的，他们代表了先前的英格兰的土地所有人，同时也继承了他们的权利和义务"[2]。这就意味着这些新受封的封建贵族，具有两面性：一方面，作为外来征服者，与王室政府具有高度的利益一致性；另外一方面，作为旧盎格鲁-撒克逊贵族旧土地的权利和义务的继承人，他们又具有独立于中央王室的私人利益。而后一种利益随着时间的推移，对他们政治行动的影响将越来越大，而前一种则逐渐减弱。

我们也可以从诺曼王朝早期王位继承的历史来证实这一点。威廉一世之后继承王位的是威廉二世，他继承了他父亲的遗志，继续推进英格兰的王权集权化策略，残酷地削弱地方势力，引起了英格兰贵族的不满。威廉二世在一次打猎过程中被误伤而丧命，由于他没有子嗣，他的弟弟亨利亲王继承王位，也就是亨利一世。关于威廉二世

1　"事实上，正如斯塔布斯在富有洞察力的几个段落中所揭示的，1215 年起义包括许多人，其祖先是亨利一世或亨利二世统治时期的'新贵'，因他们对国王服务而拥有权力和地位。"［英］詹姆斯·C.霍尔特：《大宪章》，毕竞悦、李红海、苗文龙译，北京大学出版社，2010 年，第 40 页。

2　［英］梅特兰：《英格兰宪政史》，第 6 页。

的猝死,从许多迹象来看,很有可能是亨利一世精心安排的暗杀。[1]亨利一世也明白自己继承王权的正当性存在一定瑕疵,因此马上颁布《自由宪章》,宣布纠正前朝弊病,恢复忏悔者爱德华一世时期的法律制度。[2] 此外,他也与盎格鲁-撒克逊王室继承人的侄女玛蒂尔达结婚,通过联姻的方式促进了诺曼人与英格兰人的联合。此后,亨利一世的外甥斯蒂芬以及亨利二世继承王位,其最终的正当性,都是通过贤人会议得到承认的。这说明了英格兰本土地方势力的强大,而这种本土地方势力的强大,也是此后英格兰普通法之永恒与不朽的神话的重要基础。

亨利一世继承英格兰王位及其所采取的措施,对于英格兰此后的国体建构也有着重要的意义。威廉一世与威廉二世代表了诺曼人统治英格兰第一阶段时期的治国策略,其虽然表面上承认诺曼征服前英格兰的法律与传统,但主要依靠的还是强暴武力的镇压,以此保障中央王室的权力,最大限度地实现征服者的权力。这样一种统治策略的后果主要体现为两个方面,一方面是促使威廉父子在英格兰大规模地推进封建制度,通过分封没收而来的本地大贵族的土地,来获得参与征服的诺曼贵族与将领的忠诚和支持,从而形成国王与受封贵族结合而成的外来征服者的统治与命运共同体。但是另一方面,这样一种统治策略,显然也激起了本土势力的强烈反弹。尤其是当受封的贵族,经过世代更替,实现本地化之后,封建贵族也就逐渐转变成新的本土的地方势力,从而对王权的长期稳固统治,构成了新

1 Kenneth O.Morgan ed., *The Oxford History of Britain*, p.132.
2 [英]梅特兰:《英格兰宪政史》,第6页。

的威胁。

二、亨利二世改革:英格兰政体建构的关键步骤

亨利一世继承王位之后,显然已经认识到单靠临时性的政治手腕和压制性的统治策略,无法从根本上保障诺曼人的长远统治。于是他改变了统治的策略,不得不承认英格兰本土的地方势力的地位,试图探索一条比较简洁的加强中央集权的方法。从亨利一世开始,制度化意义的“国家建设”才算真正开始。然而由于继承亨利一世的斯蒂芬的软弱无能,以及亨利一世的妻子玛蒂尔达及儿子(未来的亨利二世)不断挑起的争夺王位的争斗,斯蒂芬时期王室政府的权威大大地受到损坏,王室政府对整个英格兰地方事务的渗透与控制也大大地减弱了。斯蒂芬统治时期地方分崩离析的趋势,很像欧洲大陆这段时间经历的封建割据的混乱状态。

因此,当亨利二世成功地逼迫斯蒂芬让出王位,取得英格兰的统治权时,他面临的情况是:一方面,必须尊重和承认英格兰地方的自治势力;另一方面又必须采取措施巩固和加强王室的中央集权的力量。亨利二世吸取了自威廉一世以来诺曼人统治的经验和教训,朝亨利一世时期所开启的制度化的国家建设方向继续前进。

威廉一世在统治诺曼底时期,就总结出了一套增强自身统治能力的制度措施。首先是建立起封建制度,为对外扩张和“国防”建设提供稳定的军队来源和军需资源。其次,集中公爵权力。威廉禁止贵族之间进行私人战争,不得因争夺领地而烧杀抢掠,禁止大贵族擅

自修建城堡,取消大地主的私人铸币权,亲自任命教会高级职员,主持宗教会议等。由此可见,诺曼人从一开始,对于中央(公爵、王室)集权就有一套自己的理解。亨利一世与亨利二世的拨乱反正针对的仅仅是威廉一世与威廉二世的残暴的和临时化的统治技术,对于威廉一世留下的这些重要制度遗产,亨利一世与亨利二世不但没有取消,反而通过各种方式进行强化与巩固。

亨利二世所推进的这种改革,是静悄悄地,但同时又是影响深远的。之所以如此,乃在于亨利二世所集中推进的王室权力的扩张,从一开始就必须以尊重和承认英格兰古老的地方自治传统为前提。因此,他不得不放弃对强制性武力的依赖,通过增强王室政府的行政效率来缓慢地扩展权力。而突破口,就在于王室司法权力的扩张。

争夺司法权力的关键是管辖权问题,而中世纪王室权力衰微和王国治理的分散化的重要体现,便是司法管辖权的分散。封建制度中,王室军队的维持依赖于各个层次地方领主提供的军事义务和各种"租税徭役",相应对价的则是王室赐给各个下级领主完整和独立的司法管辖权。因此,封建法庭的司法管辖权独立于王室法庭,而王室法庭仅仅在国王直接拥有的辖地范围内拥有管辖权。[1] 此外,由于国王经常要巡游全国各地来体察民情,征收各种封建贡赋,因此国王出行所经过的道路附近所发生的案件,国王也有管辖权,被称为"国王安宁"。

除了王室法庭与各级封建领主法庭,由于诺曼征服前后,整个英格兰社会的基础仍然是各种地方性自治的乡镇教区共同体,威廉一

1　[英]梅特兰:《英格兰宪政史》,第99页。

世虽然在英格兰建立起了完整的封建制度,但是为了制约封建领主的分离势力,也有意识地根据诺曼底经验建立了各种制约封建领主势力的措施。因此,一方面是为了长期稳固地统治英格兰,而不得不向英格兰本土地方势力妥协,一方面也是为了制约各级地方领主深入各自领地的基层,形成长期稳固的割据势力,威廉一世有意识地保留了地方乡镇共同体的治理单元和结构。因此,在王室法庭与各级封建法庭之外,诺曼征服之后,英格兰还存在着各种各样不同级别的地方法庭。地方法庭的管辖权对应着该法庭所在的地方共同体的规模和辖区。按照其管辖范围的不同,可以大致分成村镇法庭(Vill-Town Court)、百户区法庭(Hundred Court)和郡法庭(County Court)。这些法庭的模式,基本上是按照村镇法庭的模式发展起来的,而村镇法庭则是原始部落社会的平民大会发展起来的,除了司法功能,村镇这个小型地方共同体的所有重要事务,都由该共同体内部成年男性公民集体会议来决议,是村镇共同体的最高权力机构。[1]

亨利二世扩张王室法庭的管辖权的第一步,是扩大"国王安宁"的范围。[2] 在诺曼王朝统治时期,王室法院的管辖权主要体现在三个方面:受理王权诉讼、国王直属封臣间的诉讼和对低级法院法官的失职提起的诉讼。[3] 其中"国王安宁"本来仅仅处理涉及国王巡游安全问题的案件,但逐渐扩展到国王出行所经过的道路附近的案件,最后扩展到国王出巡所有可能经过的道路附近的案件,这实际上意味着

---

1 Plucknett, *A Concise History of the Common Law*, Citic Publishing Hause, 2003, pp.83-94.

2 Baker, *An Introduction to English Legal History*, Third edition, Butterworths, 1990, pp.16-17.

3 [英]梅特兰:《普通法的诉讼形式》,王云霞等译,姜栋等校,商务印书馆,2009年,第59页。

只要是全国道路范围附近的刑事案件,国王的法庭都可以管辖。[1]

与"国王安宁"范围之扩张比起来,亨利二世更重要的一个创新是司法令状制度的改革。令状制度本意是扩大王室法庭的司法管辖权,以此多收一些诉讼费来增加王室的收入。但带来的后果却是使得在地方法庭和封建法庭无法得到正义对待的人,也有可能通过获得一张司法令状的方式申诉到国王的法庭,从而使得国王法庭有机会在同样的案件之中与各种地方法庭、封建法庭的正义形成对照与竞争。[2] 在亨利二世之前,令状制度仅仅是一种例外状态,处理的都是一些特殊状况时发生的特殊案件。[3] 但是从亨利二世开始,例外状况变成了常规状态,并且令状制度迅速被系统化。例如,在民事案件方面,亨利二世先是推出了新近侵占之诉(the Novel Disseisin),规定如果某人对某块封地的占有被不公正和未经审判地占有了,他就可以申请得到一个王室法院的令状,在王室法院起诉要求恢复占有。[4] 新近侵占之诉如此普及与深入人心,以至于亨利二世因此推出了更为激进的改革措施:他规定任何主张自由保有土地的人,都必须获得令状,否则对方当事人就无须应诉。[5] 同时,他也宣布"大诉讼程序法令"(the Grand Assize),规定原先在封建法庭审理的土地案件,其

---

1 [英]梅特兰:《普通法的诉讼形式》,第 49 页。

2 [英]梅特兰:《普通法的诉讼形式》,第 51—57、59 页。

3 [英]梅特兰:《普通法的诉讼形式》,第 59 页。

4 Pollock and Maitland, *The History of English Law before the Time of Edward I*, vol.2, Cambridge: The Cambridge University, 1968, pp.155.

5 梅特兰认为,《大宪章》的核心条款,即第三十九条"任何自由人,如未经其同级贵族之依法裁判,或经国法判,皆不得被逮捕,监禁,没收财产,剥夺法律保护权,流放,或加以任何其他损害",乃新近侵占之诉此种精神的扩张与应用。Pollock and Maitland, *The History of English Law before the Time of Edward I*, vol.2, pp.156.

被告可以将该案件移送到王室法院审理，并且最终由王室法院裁决权利的归属。[1] 新近侵占之诉令状和大诉讼程序令的颁布和推广，大大扩展了王室法院的司法管辖权，这使得王室法院的管辖权突破王室辖地内部纠纷的范围，使得许多本与王室事务无关的普通人之间的纠纷，都凭借王室令状的方式起诉到王室法庭。

令状制度的全面展开，表明亨利二世放弃了后来在欧洲大陆广为流行的，通过暴力的强制力来建立绝对主义国家的尝试，转而采取一种更加务实的，通过制度创新与地方法庭的效率竞争的方式来实现王室权力的集中。[2] 令状制度作为一种程序性的设置，使得英格兰普通法在扩张的过程中，吸收地方性的村社自治共同体的一些核心因素成为可能。程序性的通道是双向的，王室权力既可以借助于这个通道向地方渗透，地方性的自治权力也可以借助这个通道抵制王室权力的无度扩张。可以说，英格兰此后宪政发展的基因，在令状制度的设置中就已经形成了。

当然，这种王室法庭与地方法庭、封建法庭之间在司法公正性与司法效率的竞争的可能性，并不意味着王室法庭就一定能够在这场竞争中获得胜利。英格兰王室法庭之所以能统一和集中全英格兰的司法权，形成统一和稳定的普通法，还有赖于亨利二世所采取的其他改革措施。其中最重要的改革措施，便是将陪审团制度引入到司法

1 Pollock and Maitland, *The History of English Law before the Time of Edward I*, vol.2, pp.156.

2 当然，这种和平扩权的方式也不能被绝对化，在某种意义上，威廉一世和威廉二世通过强力打击贵族势力，以及其他一系列统治措施，为亨利二世的和平扩权打下了重要的基础。例如，威廉一世几乎在每一个郡里都安排了王室的土地和财产，这就给王室司法扩张到基层提供了最重要的基础。

裁判过程中的创举。

陪审团制度起源于法兰西国王的一项特权,是一种来自国王的调查制度[1],例如公元6世纪和7世纪时期,封建社会早期的各个小王国在整理各地方部落共同体的习惯法,制定蛮族法典时,就是通过召集当地部落共同体的首领与长老组成陪审团来确定当地部落习惯法的内容的。诺曼王室制定的末日审判书,就是通过誓证调查的方法来确定英格兰旧土地状况的。[2]

诺曼王室法院的一大创新是将陪审团制度引入到案件的审理中,从而通过地方社区共同体的绅士来确定纠纷双方的对错。当然,有明显的证据表明,在亨利二世的统治之前,陪审团审判仍然是例外情况,从亨利二世统治时期开始,陪审团审判才从例外变成了常规。[3]根据梅特兰的介绍,至少亨利二世的如下几个措施,大大地促进了陪审团审判的普及。第一个措施是在1164年,亨利二世在《克拉伦敦宪章》中明确规定,当某块土地是教会持有还是俗人领有出现争议时,应当在王室法官在场,由陪审团审判的方式对争议土地进行裁决。[4] 第二个更为重要的措施发生在1166年,亨利二世规定将陪审团审判引入到新近侵占之诉中。[5] 新近侵占之诉可能是亨利二世时期颁布的最重要、影响最持久的英格兰封建法,陪审团与新近侵占之诉的结合,对于陪审团制度在英格兰诉讼中的确立至关重要。

1　Pollock and Maitland, *The History of English Law before the Time of Edward I*, vol.2, pp.148–150.

2　Pollock and Maitland, *The History of English Law before the Time of Edward I*, vol.2, p.152.

3　Pollock and Maitland, *The History of English Law before the Time of Edward I*, vol.2, p.153.

4　Pollock and Maitland, *The History of English Law before the Time of Edward I*, vol.2, p.154.

5　Pollock and Maitland, *The History of English Law before the Time of Edward I*, vol.2, p.155.

相比于当时日耳曼教区共同体的各种神明裁判，陪审团制度更加公正而有效率。陪审团的巧妙之处，恰恰就在于通过承认地方共同体的绅士的自治权，来推进王室权力向地方基层的渗透。陪审团的运作模式，非常类似村镇共同体中的平民大会。这既巩固了地方村镇共同体对司法裁判权的参与和控制，也大大增强了普通人对王室管辖权的认同感。同时，陪审团相对于早先盛行于各个地方部落社会的神明裁判制度，具有客观、准确和人道的特点，也大大增强了王室法庭的威信。

除此之外，英格兰王室法院还改进了巡回法庭的制度。巡回法庭原先的功能是代替国王巡游全国，处理各种综合性的地方性事务。巡回法庭制度的一个重要背景，就是英格兰国王同时在英吉利海峡的两岸都拥有辖地，而诺曼底又是诺曼人祖宗留下的基业，因此早期英格兰王室更加重视在诺曼底的辖地与财产，多数时间都不在英格兰，而是停留在诺曼底辖地之内。因此，巡回法庭就代替了国王巡游英格兰各地，履行各种职责。早期综合性的巡回法庭由于负有各种职责，又手握尚方宝剑，因此很容易骄横跋扈，在英格兰各地的名声其实并不好。[1] 亨利二世改革巡回法庭制度，将其功能仅仅局限于司法裁判的功能，又由于王室法院施行陪审团制度，使得巡回法庭制度大获成功，获得了很高的司法威信，也大大拓展了王室法院的司法管辖权的范围。

巡回法庭巡游于英格兰各地，就地审理当地的各种司法案件，回到伦敦之后，就互相交流在各地审判的心得，统一案件处理的标准，

---

1 Baker, *An Introduction to English Legal History*, Third edition, Butterworths, 1990, p.19.

去芜存菁，慢慢地概括与总结英格兰各地的地方习惯法，将这些习惯法逐渐统一称为“统一适用于英格兰全境的法律”。这就是英格兰普通法名称的由来。由巡回法官统一整理而成的普通法，既吸收了各地习惯法的合理内容，又更加理性与合理，因此也就比各种神秘的本地法庭与相对而言较独断的封建法庭更加公正，更具有可预期性，因此也大大增加了王室法院判决的公正性和接受度。

经过这一系列制度改革与创新，亨利二世所领导的司法改革获得了空前的成功，王室法院的司法管辖权范围也大大地扩大，各种地方法庭与封建领主法庭在王室法庭的竞争下，则逐渐衰落，被人们抛弃和遗忘。王室法庭终于成了英格兰世俗领域内唯一的司法审判机构，并且逐渐演变成常设与专业的法庭组织。这又大大地催生了英格兰司法的专业化程度，形成了一支规模日渐扩大，专业化程度日渐精深的职业法律人阶层。由此可见，英格兰的中央集权是司法集权，而非行政集权。[1] 本意是加强王室政府权力的普通法，由于采取特殊的和平且兼具竞争性的权力发展方式，逐渐与王室的行政性权力与统治权力分化开来，形成了一种具有中性化的权力。这种中性化的权力既可以被用来扩展中央政府的权力，又被地方性势力用来约束中央政府权力的过分扩张。1215 年前后反约翰王的大起义以及作为这次起义结果的《大宪章》的签订，就典型地体现了英格兰政治体制的这个特点。

1　Alan Macfarlane, *The making of the Modern World: Vision from West and East*, Palgrave, 2002, p.73.

三、《大宪章》与英格兰政体的定型

在英格兰的历史中，约翰王恐怕是最著名的失败者，在多数的历史学家的描述中，他都是一个无能、残暴和糟糕的国王。不过，也有一些历史学家持不同观点，认为约翰并没有多数人所描述的那么糟糕，反而是一个比较有能力的国王。[1] 对于前现代社会的政治研究来说，对政治人物个性的研究并非无足轻重，因为关键性政治人物的个性、能力、婚姻关系等，都会对政治局势的演变与政治制度的形成产生重要的影响。约翰反复无常而又残暴的个性，招致了许多大贵族普遍的反感和怨恨，尤其是约翰残暴地杀害了自己的侄子亚瑟，更是对其统治的形象和正当性带来了极大的损害，这些都可以被看作1215年大起义和《大宪章》的重要背景。但约翰并没有传说中描述的那般无能，这恐怕也是真的。恰恰由于历史事件中关键性历史人物的重要性，人们往往容易对这些人物进行脸谱式的非黑即白的评价。与历史上许多评价甚高的伟大君主相比，约翰并不比他们更加反复无常或更加残暴，例如与约翰的先祖威廉一世相比，约翰未必更加残暴，但历史上对威廉一世的评价却要远高于约翰。同时，约翰顺利地继承王位，并且获得普遍的支持，恰恰证明了约翰作为君主的能力和手腕。

从客观的角度来看，反约翰王的大起义以及《大宪章》的签订具

1　[美]迈克尔·亚历山大：《英国早期历史中的三次危机：诺曼征服、约翰治下及玫瑰战争时期的人物与政治》，第55页。

有一定的必然性。我们可以从国内治理与国外环境两个方面及其相互的影响来分析这种客观必然性。

首先,相对于诺曼王朝而言,亨利二世所开创的金雀花王朝的国家建构工作,既有继承,更有创新,因此也更加成功。毫无疑问,亨利二世所采取的一系列措施有效地加强了王室政府的权力,并且逐渐建立起了制度化的国家体制。然而,虽然亨利二世改革最大限度地尊重了英格兰地方贵族的势力,但改革的成功仍然是以削弱地方贵族的势力,逐步剥夺地方贵族的权利为代价的。例如,王室令状的推行以及令状种类的不断增加,增加了王室政府的收入,却以削弱封建领主法庭的司法权力为代价。这必然引起地方贵族的反抗。

另外还需要注意的一点是,亨利二世的司法改革所针对的重点,是基层司法,也就是传统的村落共同体的刑事性司法与下层封建领主与其封臣之间的封建权利义务关系。由于亨利二世采取了一种独特的方式,即通过出售司法令状的方式,给纠纷解决的冤屈者和失意者提供诉讼机会,因此王室司法权的行使是“监督性”和“竞争性”的。这种监督性与竞争性大大促进了王室司法权的公正与效率。然而,王室司法权同时还存在着另外一个面向,而这另外一个面向恰恰体现了王室司法权的本来面目:王室司法权原来不过是国王作为其诸多直属封臣的领主所拥有的封建司法权。因此,对国王的诸多直属封臣来说,王室司法权呈现了另外一种完全不同的面貌,国王远未像其所宣称的那般守法与公正,反而带着咄咄逼人的独断性,体现了恣意与自私的一面。中国有句古话说“伴君如伴虎”,英格兰国王的直属封臣们大概对此也是深有体会的。普通法教科书里那英明无比、公正仁慈的国王，在他的直属封臣们眼里，呈现的却是另外一副面貌，那副所有的专制独裁者都有的面相。对他们来说，国王反复无常的个性、他所豢养的越来越膨胀的行政官僚队伍和各种各样日益繁多的旨在从他们口袋里掏钱的措施和手腕，都是令人难以忍受的。

随着亨利二世司法改革事业的日渐成功和流行，直属封臣们一定会发现适用于下层封建贵族和普通自由民的这套司法体制，对于保护他们的权利与财产方面，是非常有利的，尤其是在他们没有能力直接采取武力来抵抗和推翻国王统治的时候。尤其是，当他们面临着由亨利二世发明，经过他的两个儿子及其亲信们日益发展起来的、日益理性化和膨胀的官僚体制威胁时，就更是如此。正是在这个意义上，霍尔特提出了一个非常了不起的洞见："亨利二世既是创业者，也是败家子；他甚至与约翰一样，是《大宪章》真正的攻击目标。尽管这在《大宪章》中并未明示，因为谴责通常针对结果，而非始作俑者。"[1]由此可见，反抗约翰王统治的贵族起义，在一定程度上乃对亨利二世以来不断加强的王权扩张的一种抵抗和反弹，而《大宪章》在某种意义上不过是"力图为上层土地保有人寻找一种类似于下层自由民所享有的那种法律保障"[2]。

由于国王处于整个封建关系金字塔的最上端，这意味着国王给其直属封臣们施加的各种经济压力，会逐渐转化和分散到整个贵族阶层。这一点由于金雀花王朝所特有的一个特征而被极大地强化了，这个特征就是金雀花王朝横跨英吉利海峡两侧，地域辽阔，并且

1　[英]詹姆斯·C.霍尔特：《大宪章》，第35页。

2　[英]詹姆斯·C.霍尔特：《大宪章》，第111页。

在欧洲大陆上它与法国王室及其统辖下的各级封建领主之间存在着激烈的竞争关系。首先为了保住金雀花王朝在欧洲大陆的领地,同时也为了最大限度地扩张自己的领地,金雀花王朝的统治者在欧洲大陆倾注了极大的精力,亨利二世与理查德一世的大多数时间都是在欧洲大陆度过的,而英格兰则成了供养金雀花王朝欧洲大陆争霸的最重要的后方。反过来说,在欧洲大陆,法国的王权也在不断增长,因此对金雀花王朝在欧洲大陆的地盘虎视眈眈,绝不错过任何一个打击金雀花王朝的机会。因此约翰王面临着法国强大的军事压力,而这种军事压力又和内部的王权斗争交织在一起。

1204 年,诺曼底沦陷,对约翰的统治又造成了一次严重的打击,其中,在英吉利海峡两岸均拥有地产的贵族,对约翰的失望和不满最为显著。尤其是,这些贵族们不得不艰难地在约翰与法国两个主子之间做非此即彼的选择。诺曼底沦陷后,约翰又失去了欧洲大陆的多数土地。为了夺回欧洲大陆的领土,约翰不得不通过各种合法或者不合法的方式巧取豪夺,筹集军费,这意味着在外部战争环境的影响下,英格兰王权不断膨胀,同时中央权力不断地向基层延伸,由此而引起基层力量的强烈反弹,也就不难理解了。更何况约翰与教皇英诺森三世的纠纷,以及趁此纠纷对教会财产的大肆掠夺,也得罪了教士阶层。这些都是构成 1215 年大起义的直接原因。

事实上,1212 年,就已经出现了针对约翰的叛乱,但被约翰镇压。1215 年反约翰人民大起义终于取得了成功,并于 1215 年 6 月 15 日逼迫约翰于伦敦附近的泰晤士河畔的兰尼米德草坪进行谈判,最终约翰被迫签订《大宪章》。《大宪章》重申了英格兰传统的宪政传统,以及英格兰贵族和人民享有的各种自由权利,并且作出了许多限制王权的规定。1215年英格兰《大宪章》的签订,逐渐演变成了英格兰的一种宪政传统,并且逐渐成了英格兰普通法的一种意识形态,即国王不服从任何人,但必须服从上帝与法律。这就构成了英格兰法律至上,王在法下的法治传统。由此,英格兰普通法既构成了中央集权的核心成分,同时又构成了对中央政府权力过度扩张的有力限制。国王也就失去了用来打击地方贵族与乡绅势力的一个最有力的专政工具。

四、普通法传统与英格兰的特殊道路

从对英格兰普通法形成过程的这段概括性的分析中,我们可以非常清晰地看到,诺曼征服之后,诺曼人在与英格兰本土的地方势力和地方封建领主势力的长期竞争过程中,逐渐探索出一条既不同于传统封建制度,又不同于16世纪和17世纪欧洲大陆绝对主义国家体制的中间道路。而要理解这第三条道路形成的奥秘则需一个关键性的因素——恰恰在于诺曼征服之后英格兰王室政府既强大,又软弱的现实。

诺曼公爵威廉虽然用军事的手段征服了英格兰,却无法单单凭借军事的手段长期稳定地统治英格兰。诺曼公爵及其后代不得不面对的是:英格兰社会的基础仍然是以村社共同体为特征的地方自治传统。这种地方自治的传统既与王室政府结合,制约了由各个层级的封建领主组成的封建势力,同时也与中间的封建领主势力结合制约了王室政府绝对权力的形成。本意为王室政府扩张权力服务的英格兰普通法,其形成的过程与方式,也决定了其具有一定程度的中立化特征,当王室权力过度扩张时,反过来又成了地方村社自治共同体与封建领主势力抵抗与限制王室权力扩张的屏障。

陪审团、令状制度、巡回法庭的设置,使得地方习惯法的内容能够被吸收和反映到全国性的法律制度之中。如果英格兰王室政府可以被比拟成一种处于雏形状态的中央政府的话,则普通法的机制使得地方自治社会的利益能够被反映到全国性机制形成的过程之中,从而使得全国性的制度能够最大限度地反映地方利益。通过普通法这个中介性设置,英格兰的国家建设从一开始就将地方性的因素和社会性的因素吸收进去,将社会内化到国家之中。这种社会与国家互相包含的机制,蕴含了此后被称为现代性现象的深层奥秘。

因此,虽然普通法的名称折射出来的是英格兰王室政府权力向基层的渗透,但普通法的形成的过程和方式注定了普通法的内容,迥异于我们所熟悉的那种中央政府派出的官员常驻地方,代表中央政府行使各种行政性权力的模式。英格兰普通法向地方基层的权力延伸,虽然并没有实现地方治理的衙门化,却达到了理想的衙门化政府所希望达到的地方治理的效果。这样一种地方自治与中央集权有效融合的机制,恰恰是英格兰政治制度的核心特征。

第三章

普通法与宪政的稳定性问题

导论

在第二章中，我们描述了诺曼征服以来，自威廉一世到金雀花王朝的历届王室政府扩张其权力所采取的种种措施和努力。需要强调的是，这系列的努力发生在中世纪欧洲西部的一个岛屿上，因此也必须被放到中世纪西欧特定的历史文化的背景中来理解。毫无疑问，从王室政府的角度来看，这一系列后来被历史学家看作国家建构努力的活动，有着很实际的利益驱动——这种利益驱动与后来都铎王朝扩张王室权力的利益驱动几乎是同样的，但同时也面临着当时西欧特定的经济、交通、通讯、地方性习惯等诸多因素的制约。因此，尽管经过数代人的努力和反复试验，亨利二世统治时期，他似乎已经探索出了一条很有效的强化王室政府权力的制度性措施，但是最终在他的小儿子约翰王统治时期，王室政府的一系列制度创新遭遇了强大的抵制力量,并且这股力量通过贵族起义的方式,抵制了王室权力无限制的扩张冲动。最后,王室权力、中间的封建领主势力和基层共同体的自治力量三者达成了一种新的平衡与稳定。

我们当然承认,由诺曼征服和亨利二世司法改革所带来的这种王室权力、中间的封建领主势力和基层的村社共同体的自治力量三者的平衡与稳定,是英格兰宪政传统能够发生和稳定的根本前提。然而,问题的关键是如何理解这种平衡的性质。至少有两种关于这种平衡的解释。一种解释是将这种平衡看作一种"权宜之计"。权宜之计意味着,这种平衡的基础是一种实力的对比,而实力的对比是可以改变的。一旦实力对比发生实质性的变化,那么旧的平衡就会被打破,而新的平衡就会产生。很显然,对于被迫签订《大宪章》的约翰王来说,这就是一种权宜之计。当他被迫签订《大宪章》时,他脑中闪现的唯一念头或许就是如何谋划改变这种实力的平衡,果然,《大宪章》签订没过几个星期,他就撕毁了《大宪章》。当时的教皇英诺森三世也斥责《大宪章》为"以武力及恐惧,强加于国王的无耻条款",否认了《大宪章》的正当性。事实上,在英国后来的历史上,虽然《大宪章》一再被签订,但也一再被撕毁,这似乎也印证了《大宪章》不过是这种实力平衡的产物。即使普通法学者一再津津乐道的《大宪章》在多次重复的签订中,其关键与核心的条款仍然一再地被修改和废除,而这种不断地修改与废除,似乎也体现了不同时期政治实力的对比状况[1]——这又似乎再次印证了这种平衡不过是作为一种权宜之计的平衡。

1　相关论述,参见[英]詹姆斯·C.霍尔特《大宪章》,第339—362页。

另外一种理解这种平衡的思路,就是不要将这种平衡的基础建立在短暂的实力平衡的基础之上,而是看作某种超越了平衡之中任何一单方的能力之上的某种机制。这种平衡的形成虽然由王室政府出于自身的利益冲动而启动,但在平衡形成的过程中逐渐超越了王室政府的掌控,也超越了任何一方反对王室政府势力扩张的势力的掌控,形成了自身的结构和逻辑,从而具有一种超脱各方的稳定性。不但如此,这种结构化的平衡还能够吸收王室政府、中间封建领主势力和中下层封建庄园主、商人、自由民的能力,从而形成某种基本的稳定性。毫无疑问,诺曼征服以及由诺曼人带来的一系列改革与尝试,乃这种新的平衡的最初动力,而且诺曼人的一系列改革在某种程度上恰恰是为了克服英格兰旧体制中的某些固有的缺陷而发动的,但最终形成的这种平衡状态却远远超越了诺曼王室最初的设想,同样也超越了其中任何一种力量想象的界限。正是这种反复博弈的过程,使得英格兰早期的国家建设达到了此前从未达到的水准和效果。

对于理解英格兰普通法的历史与性质,也许这两种理解都是必要的。第一种理解更看重对平衡中各方行动者的主观目的的体认,而第二种理解则更强调超脱主体间的结构性因素的作用。前一种理解对于从发生学的角度观察和了解英格兰宪政机制的形成过程很有作用,也是历史学家非常青睐的一种研究路径。然而,这样一种研究路径解释不了英格兰宪政机制的独特性问题。例如,伯尔曼在《法律与革命》中就曾经指出,诺曼人的另外一支,即西西里的诺曼人,也建立了一个类似英格兰的西西里王国,并且也建立了文秘署、财政署、王室法院等机构，在国家建构方面成就卓著。[1] 在《法律与革命》中，伯尔曼并没有单独地将英格兰普通法当作研究对象，而是将英格兰普通法的经验当作 11 世纪出现于西欧的诸多王室法中的一种，其含义也非常明显，即英格兰普通法及其所代表的英格兰早期国家建构的经验，在当时整个西欧的范围内，并非唯一，更说不上独特，只是英格兰的早期国家建构相对其他早期王国的国家建构经验来说，是最成功的。[2]

又例如，霍尔特在他的名著《大宪章》中也同样指出，诺曼征服以来所进行的早期国家建构的许多做法和经验，也同样出现在欧洲大陆的许多其他地方。[3] 斯特雷耶以“现代国家的起源”为名出版的著名讲座中，也将英格兰早期国家建构的经验当作整个西欧大陆在 11 世纪到 13 世纪的共同历史过程的一部分来讲述。[4] 普拉克奈特则指出，哪怕是亨利二世的巡回法庭制度，因为其施行以来良好的政治与社会效果，也很快被法兰西的菲利浦·奥古斯都所效仿[5]——菲利浦·奥古斯都乃欧洲大陆的另外一个亨利二世，他创造了法兰西体制的基础。[6] 因此，英格兰普通法的经验也被看作当时整个西欧大陆的经验。的确，就早期现代国家建构的宏观背景而言，英格兰的国家建构与西欧大陆地区诸王国的国家建构过程，共享一个共同的历史

1　相关论述，参见伯尔曼《法律与革命》，第 495—525 页。

2　参见伯尔曼《法律与革命》，第 490—495 页。

3　相关论述，参见［英］詹姆斯·C.霍尔特《大宪章》，第 23—25 页。

4　［美］约瑟夫·R.斯特雷耶：《现代国家的起源》，华佳等译，格致出版社/上海人民出版社，2010 年，第 1—50 页。

5　Plucknett, *A Concise History of the Common Law*, p.145.

6　参见［美］伯尔曼《法律与革命》，558—561 页。

文化背景,并呈现类似的特征,是很有可能的。

伯尔曼对英格兰早期国家建构的解释更强调王室政府权力扩张的维度,因此他看到同为诺曼人的西西里王国的王室政府体现了同样的统治的天赋,其王室权力的扩张程度甚至远超过英格兰的诺曼王室。霍尔特与斯特雷耶则强调英格兰王室政府权力扩张过程中所采取的各种临时性的妥协手段和自我限制的措施,表明这些被看作英格兰早期国家建构过程中的独特与关键性的措施,事实上广泛地被整个西欧基督教世界的各个封建王国的王室政府所采纳。无论是强调王室政府权力扩张的一面还是对王室政府权力扩张的限制的一面,这两种视角都对英格兰早期国家建构时期所形成的宪政平衡采取了一种行动者的视角,因此都将这种平衡看作一种权宜之计,看作中世纪西欧政治权力游戏的一个组成部分,从而最终都无法解释英格兰国家建构过程独特的一面。因此,伯尔曼干脆直接放弃和取消了英格兰国家建构的这种独特性,将其看作整个西方法律传统的一个不那么特殊的组成部分,而霍尔特与斯特雷耶虽然强调英格兰道路的独特性,但却很难给这种独特性作出一个完整和有说服力的理论阐述。例如,西西里的诺曼人王国虽然采取了同样不逊于英格兰的诺曼人的措施,但其结果是形成了西西里王国的绝对王权统治,而这种绝对王权统治显然无法形成长期和稳定的平衡,因此很快便中途夭折了。反过来说,广泛流传在西欧的各种限制王权的惯例和传统,失去了英格兰王室那强大的王权,其消极意义就更大于积极意义。

因此,若要解释英格兰宪政机制的独特性,采取一种结构性的视角,或许是一种值得尝试的选择。这样的话,我们就可以从各种中世纪权力斗争的策略和权宜之计中脱身而出,透过种种作为权宜之计的策略游戏,看到英格兰道路的独特的机制性原理。

我们将看到,恰恰是这种机制性的原理的形成和扩张,使得这种势力平衡最终演变成一种抽象的宪政结构。也就是说,相对于三种具体力量,还存在着一种中间性的存在,它能够在势力平衡的细缝中生长,并且最终将三种势力都吸收掉,形成某种独立于三种势力之外的力量,并永久性地将这种平衡固化为宪政结构。这种中间性的存在,一定是一种抽象化的存在,因为只有抽象化的存在,才能够真正吸收这三种势力。这里所谓的"吸收",某种意义上也就是将三种势力的"特殊性"利益转变成某种"普遍性"的权利,从而使得特殊性逐渐被消化或者融化到普遍性的结构之中。在英格兰,这个工作主要是由普通法完成的。

一、对起源的结构化理解:普通法对各方力量的吸收和消化

正如前文已详细指出的,亨利二世改革时期,诺曼王朝时期,国王、英格兰本地的盎格鲁-撒克逊地方自治传统和追随王权而来的封建贵族,三者之间处于一种错综复杂的关系。一方面,作为外来者,国王和他带来的贵族阶层有着共同利益。但由于封建贵族的本地化,因此封建贵族与国王又存在着结构性的利益矛盾。封建制度本身又具有扩张性,也威胁到了盎格鲁-撒克逊的地方自治传统。亨利二世的司法改革最初是作为王权扩张的工具而推行的,在司法改革

的进行过程之中,又由于吸收了英格兰的地方自治传统的力量,而逐渐走向成功。由于司法改革起初就是针对封建贵族利益的,因此封建贵族,尤其是中上阶层的封建贵族的利益在司法改革中受到损害,但随着司法改革的不断推进和普遍化,封建贵族也发现普通法同时也是制约最大的封建贵族的利器。因此,普通法又被封建贵族用来以子之矛,攻子之盾,对付国王。此时的封建贵族,经过普通法的教育和改造,已经脱胎换骨,反而变成了地方自治势力的新代言人。最后国王被"革命",从而作为工具的普通法最终反过来消化了国王本身,独立于国王本身了。

下面,我们不妨简单地梳理一下英国普通法对三种政治力量的吸收过程。

首先,亨利二世司法改革的成功之处在于对英格兰本地的盎格鲁-撒克逊的传统地方性自治力量的吸收。从征服者威廉以来,诺曼的统治者就明白,作为外来的征服者,其对英格兰的长远统治面临着一系列特殊的困难。面对这一系列的困难,威廉一世采取的方法是暂时性地与英格兰本地的地方性势力妥协,妥协不成就严酷镇压,同时尽量地团结诺曼贵族势力。威廉一世的这一系列暂时性措施取得了辉煌的效果,并且这种两面派手法确实也非常成功。[1] 但是随着时间的推移,威廉一世奠定的统治范式又面临着新的问题,例如诺曼贵族再次本地化。诺曼贵族的再次本地化意味着诺曼王室政府与诺曼封建贵族之间的结盟体制的分裂,以及诺曼贵族与英格兰传统的盎

1　[美]迈克尔·亚历山大:《英国早期历史中的三次危机:诺曼征服、约翰治下及玫瑰战争时期的人物与政治》,第 39—40 页。

格鲁-撒克逊本土势力的新结盟关系的逐渐形成。

说它是一种新结盟关系也许是不正确的,因为在这种结盟关系中,英格兰本地的盎格鲁-撒克逊的地方民主传统处于绝对的弱势,其力量正逐渐被新的本地化的封建贵族吸收,[1]而这种局面恰恰是西欧大陆封建制度的典型形态。无论是罗马的共和制,还是来自日耳曼森林的盎格鲁-撒克逊的基层民主制,都将公共行政看作一种共有的财产。然而,中世纪后期发展出来的封建制的一个特征,就是将"公权力"转变成一种私人的财产,从而使得公共行政具有一种"私"的性质。[2] 这种公私关系的颠倒,既具有消极意义,也具有积极意义,而且就宪政机制的形成而言,首先体现的乃消极意义:各级的封建领主既有充分的利益驱动(保护和增强个人的财产),也有充分的理由(封建制下公共行政的私人财产性质),侵犯传统的日耳曼的公社体制,增强封建领主在自身领地内的独断权威。[3] 这也就意味着,封建领主要求在自己的领地内建立起以其个人意志为核心的日常治理机制。如此一来,王室政府就从一个全国性的中央政府,变成了一个最大的封建主,也即第一封建主。在此情况下,各级封建主在各自直接控制的领地范围内,出于自身利益的需要,各自完成对传统日耳曼地方性的民主自治政治结构的改造和吸收,从而消灭地方性的民主自治结构,形成一个又一个的封建专制结构。[4]

自封建制度产生以来,封建制对日耳曼地方自治传统的破坏和

1 Plucknett, *A Concise History of the Common Law*, p.95.

2 梅特兰:《英格兰宪政史》,李红海译,中国政法大学出版社,2010 年,第 99—101 页。

3 Baker, *An Introduction to English Legal History*, pp.9-11.

4 Baker, *An Introduction to English Legal History*, pp.9-11.

替代,是一个普遍的历史过程。[1] 亨利二世的司法改革乃对威廉一世奠定的统治范式所面临的危机的一次全面而深刻的应对,他"发现"重新本地化的诺曼贵族既与王室权力构成了竞争关系,同时也与传统英格兰的日耳曼地方民主制度存在着结构性的矛盾。亨利二世通过司法改革,赋予英格兰传统的日耳曼民主自治传统以一种结构性释放渠道——他不但使得地方性民主自治传统与王室政府的利益形成了共同点,并且使得这种利益共同点获得了一种制度性和结构性的连接纽带,那就是英格兰普通法的诉讼机制。通过陪审团机制的设立,亨利二世实际上吸收了传统的盎格鲁-撒克逊的地方民主自治力量,将其转移到普通法的诉讼机制中。

这种转化和吸收的正当性在于,传统的日耳曼村社自治传统很难对抗封建制,尤其是各级地方封建领主和庄园主对这种日耳曼地方自治的侵袭。普通法机制在地方性自治与封建领主势力之间设置了一道坚固的屏障,从而大大限制了封建领主的势力,而王室政府则通过这种机制,在与封建领主势力争夺基层治理权力的斗争中赢得了决定性的胜利。英格兰的来自日耳曼森林的古老的基层自治传统则借助于普通法机制,与王室权力结盟,从而抵抗了原来在封建制挑战下日益瓦解的局面,维护了宝贵的积极自由权利。[2]

其次,亨利二世改革造成的一个意外效果,便是普通法机制对封

1　例如,Plucknett 就指出百户区法院在封建制兴起后,逐渐被地方的封建地主所觊觎和侵吞,多数落入封建领主之手,许多地方的小封建主甚至以封建法庭替代和排除了郡法院。See Plucknett, *A Concise History of the Common Law*, p.89, p.95.

2　这是麦克法兰最近几十年的研究强调的重点。See Alan Macfalane, *The Making of the Modern world: Vision from the West and East*, Palgrave Macmillan, 2002; Alan Macfalane, *The Riddle of the Modern World*, Palgrave Macmillan, 2002.

建领主势力的吸收。

亨利二世司法改革形成的这种结盟效果,对于中间的诺曼封建领主势力来说,无异于釜底抽薪。至少在亨利二世司法改革后相当长的一段时间内,封建领主阶层对普通法是普遍抵触的。普通法的不断自我加强和扩展,一定给他们带来了很大的压力与紧张。[1] 由于无法正面否定普通法的扩张,他们转而寻求通过限制令状制度来抵制普通法的扩张。但普通法的结构一旦形成,法官的专业化知识越丰富,则普通法的扩张就越势不可挡。郎有情,妾有意,普通法法官很快便与当事人合谋,发展出了拟制的技术,来消化令状制度的固定化给普通法的扩张所造成的障碍。

很快,封建领主阶层发现他们无法阻挡普通法法庭管辖权的扩张,但同时,他们也发现普通法对他们而言,并非都是负面意义的——在某种意义上,普通法也能够有效地保护封建领主的利益。这是在这条封建的权利链条中,多数的封建领主,同时也都是更高领主的封臣。所以,当封建领主阶层以封臣的身份出现时,他们的利益也需要得到保护。

但封建领主法院对封臣的保护,天然地存在着缺陷。如果封建制度仅仅停留在西欧大陆的那种典型的封建制状态中,则封臣与领主之间的纠纷,就只能通过封建领主的法院来解决。虽然说,封建领主的法院是由封臣们组成的,因此在一定程度上可以保证领主法院裁决的客观性,但毫无疑问,在领主法院内封建领主的影响力仍然是

1 对此,霍尔特曾经在《大宪章》的相关章节做了详细的描述和分析,参见[英]詹姆斯·C.霍尔特《大宪章》,第35—38页。

具有支配性的。因此，无论如何，封臣相对于领主总是处于劣势地位，而不是封建法预设的平等地位，这是其一。其二是，如果封建关系的纠纷主要是由领主法院自己来解决，这也意味着这种纠纷主要是由发生纠纷的各级领主之间解决的。这意味着，处于强势的一方，就有可能违背法律的精神，通过势力对比来决定双方的权利义务关系。事实上，在斯蒂芬统治时期，地方封建领主之间通过暴力强占他人土地的情况是很普遍的，这种不合理的侵占，如果维持的时间足够长，就会成为既成的事实，从而获得正当性。反过来，由于缺乏一个强有力的和公正的裁判机制，被侵占土地的一方则会想方设法通过暴力将土地侵占回来。如此一来就造成了土地权属问题的模糊性。事实上，封建领主法院中此类诉讼，最后主要是通过决斗的方式来解决的。[1]

封建制的这种内在的缺陷，也给了王权以渗透的机会。王权于是通过颁布令状的方式，渗透到封建纠纷的解决过程中。首先，普通法法官认识到土地权属问题的模糊，是一种普遍存在的现象，因此很天才地强调"占有"因素对土地权属区分的重要性。的确，土地权属的模糊性问题，乃军事性的封建制的内在缺陷、人性内在的贪婪，骑士贵族本身就掌握了一定的武力，王权更替所造成的社会环境的动荡，都加剧了土地权属的模糊性。"新近侵占之诉"典型地代表了普通法法官对土地权属问题的实用主义策略。"新近侵占之诉"并不关注争议土地的真正权属，而是关心争议发生前，原告是否占有争议的

1　[英]约翰·哈德森：《英国普通法的形成——从诺曼征服到大宪章时期英格兰的法律与社会》，刘四新译，商务印书馆，2006 年，第 118—133 页。

土地，而被告是否不正当地侵占了原告的占有状态。如果被告确实是以不正当的方式侵占了原告的占有状态，并且未过诉讼时效，则原告就赢得了诉讼，哪怕原告对土地的占有也是不正当的占有，甚至是通过侵占被告原先的正当占有而实现的。被告如果要重新合法而正当地获得占有，就必须以原告的身份通过另外一个"新近侵占之诉"的方式来主张自己的正当占有。至于证明对原先占有的不正当侵犯，主要依赖陪审团来完成。[1]

"新近侵占之诉"的优点是高效，可以避开复杂的法律权属问题的争议，因为随着争议土地反复和多次的占有变更，究竟该土地的真正权属人是谁，往往是模糊和难以辨认的。过于纠缠这个问题，不但导致诉讼拖延，最后权属问题仍然可能是一团乱麻，难以理清，更不用说解决当事人之间的争议了。"新近侵占之诉"则有快刀斩乱麻的效果，在解决纠纷的同时，不断强化普通法法庭的权威，打击围绕土地权属纠纷的私人争斗，通过诉讼时效的限制，又避免了类似案件无限制的回溯状态。[2] 普通法法庭相对于封建法庭的此种优越性，使得封建领主阶层普遍接受和选择了普通法。如此一来，普通法就从内部瓦解了封建制的结构，其实也就是吸收了封建领主阶层。

最后，当普通法将封建领主吸收于其中的时候，结构化的效果，便是对国王恣意性权力产生了限制，最后消化了国王的恣意性权力。

这是因为中间的封建领主们，尤其是国王的直属封臣们发现，虽

1　Pollock and Maitland, *The History of English Law before the Time of Edward I*, vol.2, Cambridge: The Cambridge University, 1968, pp.48-49.

2　Pollock and Maitland, *The History of English Law before the Time of Edward I*, vol.2, Cambridge: The Cambridge University, 1968, pp.48-49.

然普通法限制了他们作为封建领主的权力和利益，但国王其实也是封建领主，同样用封建领主的方式与他们发生着各种权利和义务关系。如果普通法法庭的裁判可以限制他们作为封建领主的利益，则他们同样可以用普通法法庭的裁判来限制作为最大封建领主的国王的权力和利益。因此，正如霍尔特所清晰地揭示的，1215 年《大宪章》的政治诉求不过是中上层的封建领主，尤其是作为国王直属封臣的大封建领主们向国王要求同样享受中下层的骑士和自由民所享受的普通法权利而已。[1] 因此，1215 年签订的《大宪章》也可以看作普通法对中间封建领主势力的吸收，并在此基础上消化国王作为最大封建主的恣意权力，就像普通法法庭成立之初，消化传统的日耳曼式的地方民主与自由的能量，消化封建领主势力对日耳曼式地方民主所造成的侵扰一样。当这个过程发生的时候，约翰国王对此一定非常不适应，因为亨利二世以来的国王们，也许从来没有想到，有一天普通法的作用力会反弹到自己身上。

因此，最后我们可以说，由于普通法同时吸收了传统地方自治力量和封建领主势力，并且结构化地改造了二者，从而使得二者通过普通法的中介，形成新的结盟关系，最后又意外地消化掉了普通法形成的最初推动力，即王权的绝对性。如此以来，普通法就将三者都包容于自身，并且有效地将三者的力量都吸收于其中，将三种力量形成的平衡关系也稳定下来了。

1　参见［英］詹姆斯·C.霍尔特《大宪章》，第 23—25 页。

二、普通法宪政的捍卫者:法律职业阶层

因此,如果我们从普通法机制的角度来看待1215年的《大宪章》,便可以发现,对英格兰宪政机制的形成来说,《大宪章》规定的具体内容为何,是否稳定,其实并不重要,重要的是《大宪章》的象征意义。《大宪章》的签订,意味着开启这个宪政结构的第一推动力,最后也被这个宪政结构反向地吸纳于其中——意味着这个宪政结构已经接近于自我完成。正是在这个意义上,Plucknett 说:"为了探讨大宪章'迷信'的真相,我们必须回溯它的原初历史意义,但即便如此,迷信仍然比真相更重要。"[1]

也许用宪政结构来描述这个机制,仍然是狭隘的,因为这种描述仍然仅仅专注于政治的视角,而忽略了这个结构更深刻的"社会革命"的性质。事实上,英格兰社会结构变迁的广度与深度,远远超越政治与经济的界限,涉及社会生活的方方面面。然而,恰恰由于这种变迁的深刻性与抽象性,使得这种变迁显得如此缓慢而安静,以至于根本难以被具体的一两代人所察觉,也很难进入传统史家的视野之中。对于英格兰社会的这种缓慢而实质的改变,只有放宽历史的视野,用一种长时段的眼光以及社会理论的工具,才能够让它显现出来,从而得到观察、测量与理解。

当然,对于抽象结构与机制的观看与理解,需要特别的社会理论

---

1 Plucknett, *A Concise History of the Common Law*, p.25.

的方法来训练。为了使这种观看更为方便,我们不妨暂时放低抽象程度,首先从这种社会结构与机制的捍卫者的维度来理解这种抽象社会结构的稳定性问题。正如帕森斯一再指出的,任何一种社会结构,要维持自身的稳定存在,就必须拥有特定的维护力量。结构与其维护力量之间形成了一种互相强化的关系,维护者能够最大限度地从结构那里获得利益,而结构则有赖于维护者存在的数量和权力。对于普通法机制来说,最重要的维护者阶层,就是普通法的职业群体。正是因为普通法机制的存在与发展,他们的存在才变得可能,并且他们随着这套机制的成长而成长。这也意味着,他们的存在与身份,是通过普通法机制定义的,在他们的身上,最鲜明地体现出了普通法机制运作的逻辑。

(一)从票友到专家:职业法官的出现

亨利二世司法改革后形成的王室法庭,逐渐与各种地方法庭、封建领主法庭形成区别的一个重要的标志,就是专业化。各种其他法庭,都不是由专业的法官组成的,而且还承担了多种多样的职能:“地方公共法庭除行使司法权之外,还要处理各种各样的地方行政事务,如执行国王命令、分摊和征收税款、组织修筑河道堤防与道路桥梁等。封建庄园法庭则更经常地安排庄园内的农业生产事宜。”[1]在亨利二世司法改革之前,以及亨利二世司法改革的初期,中央王室派出的巡回法庭,其功能也是综合的,而非专业的。例如,贝克就曾经如此评价最初的总巡回法庭——“每次当总巡回法庭拜访各郡时,它把

---

1 程汉大:《英国法制史》,齐鲁书社,2001 年,第 97 页。

国王的政府也带来了"[1]。总巡回法庭"不仅仅是一个法庭,它同时也是通过流动的中央政府督查地方政府的一种方式"[2]。到13世纪时,总巡回法庭逐渐衰落,在总巡回法庭之外,又发展出普通巡回法庭。普通巡回法庭只负责审判工作,而不再兼理其他工作,因此显得更专业和公正。除此之外,国王越来越多地委任那些之前已经具有司法经验的人士担任法官职务。这些人之所以在担任法官之前就具有司法经验,主要是通过为此前的法官担任助手,提供相应服务的方式获得。

与此对应,王室法庭另外两个改革措施,虽然在这段时期的效果并没有及时体现出来,但具有更加深远的影响——新型王室法院往往不仅拥有固定和连续的开庭期,而且运用了档案文书的技术记录判决结果,并加以妥善保存。这两个条件,对司法经验与知识的积累,以及法律知识的扩展,都具有重要的意义。

普通法法庭从一个处理综合性事务的法庭转变成一个专门处理法律事务的法庭,王室法官从短期兼职变成长期专职,是普通法形成自主运作逻辑和结构的重要一步。就此而言,普通法的运作逻辑的特性在于其单一化设置——它只处理与合法/非法问题有关的问题,或者说,所有其他问题,只有被转变成合法/非法的问题,才能够被普通法法庭接受。因此,普通法的自主性建立的过程,同时也是一个不断排斥和自我封闭的过程。正是由于普通法运作的逻辑结构所带来的这种差异和区分,从而使得普通法的职业群体,也与其他人群区分

1　Baker, *An Introduction to English Legal History*, p.19.

2　Baker, *An Introduction to English Legal History*, p.19.

开来。[1]

(二)职业化的推进与深化:职业律师的出现与壮大

在普通法的专业法官之后,构成普通法职业共同体成员的,就是普通法律师。普通法律师最初得以形成的一个重要契机,就是令状制度的出现和固定化,以及在此基础上形成的繁复的普通法法庭的程序性技术。据历史学家考证,在亨利二世统治末期,令状的数目不超过15个,而到了爱德华一世统治末期,用于启动王室法庭的令状数目已经超过了100个。[2] 令状制度的发展,使得当事人很难确切知道哪则令状最适合自己的案件:

> 比如,到亨利三世统治末期,想通过诉讼手段收回土地的人所面临的困难,就是要在近乎令人困惑的令状种类之间进行选择。这包括从新近侵占诉讼令、收回继承地诉讼令这些占有令状,再经过各种类型的进占令状(既在转手次序范围之内,又包括对最终权利来源非法性的描述),及收回继承地诉讼令的同宗令状(收回祖父[aiel]、曾祖父[cosinage]继承地诉讼令)、非法侵入令状[writs of intrusion]、土地复归令状[escheat]、限嗣土地受赠人令状[formedon],一直到两种不同的指令令状[writs *praecipe*]和各种不同的权利令状。即使没有这么多选择,如在当

1 参见程汉大《英国法制史》,第114—118页。

2 参见[英]布兰德《英格兰律师职业的起源》,李红海译,北京大学出版社,2009年,第55—56页。

> 事人主张圣职推荐权的诉讼当中(此时是在最终圣职推荐之诉[assize of darrein presentment]和妨碍圣职推荐之诉[action of quare impedit]进行选择),当事人也仍然会为在这二者中选择而犯愁。[1]

面对如此复杂的令状制度,当事人作出正确的选择非常重要,如果选错令状,当事人不仅会浪费大量的时间和金钱,还可能会因此而输掉官司。因此,能够从具有相关专门知识的专家那里获得必要的咨询和帮助,就变得很重要。这刺激了职业律师群体的出现。据历史学家考证,至少在约翰王统治期间,已经出现了一些“作为代理律师受雇于许多当事人,而这些当事人与他们之间并无其他任何已知联系”[2]的个人,他们是普通法职业律师群体的先驱。

法官的日益职业化,以及专门从事帮助当事人申请令状的“最早的律师”的出现,使得关于令状知识的系统化和客观化成为可能。这种客观化与系统化的工作,又随着司法档案的技术而进一步加强。由于诺曼人特有的行政管理的技巧,普通法的法官们构造这套技术的过程和结果,都被司法档案完整地记录下来。档案记录的技术,对于中世纪时期行政官僚和司法技术的发展,具有决定性的意义。这是因为档案记录的技术,使得行政管理与司法技术的积累、传授和系统化工作得以可能,从而各种技术也能够被归类、概念化和常规化。

---

1 [英]布兰德:《英格兰律师职业的起源》,第56—57页。

2 [英]布兰德:《英格兰律师职业的起源》,第83页。

（三）法律职业化的成熟：法学专著与法学教育

法官的专业化和诉讼档案的出现，又为法学著作的出现提供了重要的基础。法律职业共同体中最杰出的一些人，也开始在职业活动之外撰写各种各样的法律专著，对自己职业生活中学习和积累的各种各样的知识和经验进行总结。这些法学家通常既有很丰富的实践经验，又曾经接受过很好的知识训练，对罗马法的一些概念和知识也比较精通，通过部分地引入罗马法的概念和分析方法来整理英国普通法的素材，他们将英国普通法的素材更好地贯通起来，并且对其作出了理性的解释。例如，格兰维尔、布拉克顿和利特尔顿就是其中的典型，而格兰维尔的《论英格兰的法律与习惯》、布拉克顿的《英格兰的法律与习惯》和利特尔顿的《土地法》都是这些类型的杰作。

由于司法职能是中世纪政府日常治理的核心职能，因此司法的公正性与效率对于政府的日常治理至关重要。甚至可以略为夸张地说，中世纪政府的日常治理，主要就是司法治理。因此，随着普通法日益的专业化，普通法法官的地位也日显重要。普通法法官丰厚的薪酬待遇，使得大批的中小贵族视法律职业为改变身份财力的终南捷径。这就创造了法学教育的需求，而且法学著作和司法文书的出现，使得法学教育在技术上成为可能。

至少从 13 世纪开始，一套以实践培训和经验积累为主、以书本学习为辅的复合式法律教育模式已经初步形成了。这样一套法律教育体制的兴旺和发达，在很大程度上又大大地促进和保障了司法的职业化。从 14 世纪开始，法律职业教育逐渐形成了规模效应，出现了著名的四大律师学院，即林肯学院（Lincoln's Inn）、格雷学院

(Gray's Inn)、内殿学院(the Inner Temple)和中殿学院(The Middle Temple)。[1] 而四大律师学院之外还有许多附属的法律学校,学生们首先在这些附属的法律学校学习最基本的诉讼知识,等学到一定程度之后才能够进入四大律师学院学习,由此可见当时法学教育之盛况。

三、先例机制与普通法宪政的稳定性

我希望关于普通法职业共同体的描述不至于使本书的读者形成这样一种印象,即普通法的自主性,完全依赖于“人”的因素。事实上,我一再强调,不是由“人”组成的职业共同体塑造了普通法,而是普通法的结构和逻辑塑造了普通法的职业共同体,因此也塑造了这些法律人特有的思维方式。即使就职业共同体而言,“职业共同体”的含义也远比人的数量集合要丰富得多。为了促使读者更深入地了解普通法作为一种抽象的、具有自主运作机理的治理机制而存在的特性,我们必须要补充描述和说明普通法的先例制度,以及其在普通法治理机制中所发挥的核心作用。

(一)先例的效力问题

宽泛地讲,任何法律体系中的法官,在裁决手头处理的案件时,都会在力所能及的范围内,尽量参考先前法官(尤其是上级法官)处

1 Baker, *An Introduction to English Legal History*, p.183.

理过的类似案件。首先,这样做的好处是,如果已经有法官采取了类似的处理方式,并且没有遭到严厉的批评和反对,那么采取类似的处理方法就是相对安全的。对于法官来说,这是减轻自身责任和压力的一种重要方法。其次,对于某些更有雄心的法官来说,适当参考此前类似案件中其他法官的做法,通过对其判决理由的分析,也可以获得许多重要的参考和启发,并且通过引证相关判例,还可以增强判决的说服力。从这个角度来说,"同案同判"是司法判决的常态,也是多数情形下法官更容易选择的一种裁判方式。

然而,这种由法官基于便利的原则而主动采取的参考先例的做法,与普通法的先例原理差异仍然是根本性的。作为一种机制存在的先例制度,其发源的初期,或许是同法官工作的便利性联系在一起的。但一旦它成为一种独立运作的机制,那么其运作的逻辑便超越了单纯法官工作的视角,而拥有了一种客观和中立的性质。对于处于先例机制中的法官来说,两者之间的差异便在于,前者先例对法官来说,仅仅是一种参考的材料,而在先例制度中,先例获得了针对法官的某种强制性。[1] 探讨先例制度中先例针对法官的这种强制性的演变过程,以及这种强制性的性质,是一件很有意思的事情。

从历史的角度来看,通过法律明确规定先例之于法官的拘束力,即使在普通法传统中,也是相当晚近的事情。但这并不意味着,先例制度的确立,也是如此晚近。因此,先例对法官的普遍拘束力,并非如许多学者所认为的那样,是立法规范明确赋予效力的结果。得出

1　[英]鲁伯特·克罗斯、[英]J.W.哈里斯:《英国法中的先例》,苗文龙译,北京大学出版社,2011年,第5页。

这一结论的学者,多半是受到了近代法律渊源理论的影响,因此认为先例对法官的"拘束力"必须是一种规范性的拘束力,而这种规范性的拘束力必须来自法律规范的明确授权。这种理解固然没有错,但就先例制度演变的历史来看,先例对于法官的拘束力,更多来自"惯习",而非"规范"。并且后来通过法律明确规定先例的拘束力,也是当先例制度已经充分成熟,面对新的时代挑战和历史语境,对普通法的运作进行结构化的逻辑重构的结果。

(二)先例机制形成的条件:判例汇编制度

就普通法的历史而言,先例制度的确立,同以"年鉴"为代表的判例汇编制度的发展,有着相当重要的关系。[1] 自从 1292 年第一部年鉴产生之后,一直到 16 世纪,年鉴的整理和出版一直就没有中断过。[2] 从 16 世纪中叶到 17 世纪中叶,由优秀法学家编撰的判例集取代了年鉴的地位,起到了判例汇编制度的作用。例如记载 1550—1580 年判例的普洛登(Plowden)判例集和记载 1572—1616 年的柯克(Coke)判例集便是此类判例集的优秀代表。[3] 年鉴和判例集的出现和被广泛接受和引用,对于英国普通法逐渐发展成现代法律体系而言具有关键性的意义。对此,英国法制史的权威梅特兰对此认识最为深刻和到位:

1　[英]鲁伯特·克罗斯、[英]J.W.哈里斯:《英国法中的先例》,第 29 页。

2　程汉大:《英国法制史》,第 254 页。

3　[日]望月礼二郎:《英美法》,牛豫燕译,商务印书馆,2005 年,第 90 页。

> 我们很怀疑究竟是什么东西在罗马法复兴浪潮中拯救了英国法？中世纪英格兰最有特色的东西不是议会，因为在欧洲大陆，各阶层的民众大会随处可见；也不是陪审团，因为这东西是慢慢在法国衰落下去的；而是律师公会以及在其中讲解的判例报告，因为在其他地方我们很难发现类似的东西。[1]

判例汇编制度对于先例制度确立的第一个贡献，就是使得大量的先例判决有案可查，并且冲破法官对先例的垄断，使得先例判决变成一种可以被法律职业共同体广泛查证和引用的公共资源。这对于先例制度的确立来说，是至关重要的。在司法档案发挥作用之前，司法知识只能通过法官个人的经验和记忆被传承。因此，那些曾经为法官服务过的人，便拥有了通向法官职位的终南捷径。此时，“先例”对于法官而言，更多的是参考，而非拘束。

判例汇编制度的确立，使得“先例”成了一种法律共同体内共享的知识和资源，所有的法官、律师、法律学徒就先例的获取能力而言，都处于同一起跑线，他们竞争的便是法律推理的技巧和经验。如此一来，法官虽然在个案判决上拥有权威性，但其由于丧失了对先例获取的垄断权，因此这种权威性的性质起了微妙的变化。这种权威性逐渐从一种“专断性权力”所特有的权威性，演变成基于司法知识与司法能力的权威性。也就是说，法官必须与律师、法律学徒站在同一个较量技艺的舞台上证明自己的能力，以此证明自身权威的正当性。

法官、律师、法律学徒的这种“同台竞技”而来的“同质性”，在法

1　Maitland: *Equity and the forms of Action at Common Law*, Cambridge University Press, 1991.

官职业阶层的遴选与律师职业经历和律师公会的学徒制教育衔接后,变得更为明显。法官职业与等级,此后成了法律学徒——低级律师——高级律师——皇家律师——法官——高级法官这个等级序列的最高等级。获得法官职位本身,就意味着在法律人共同体舞台中竞技优胜。因此,法官更愿意维护这个游戏的规则,因为这个规则与自身尊贵地位的正当性,是紧密联系在一起的。而对于律师来说,他们更愿意接受这个游戏的规则,因为通过这个规则,他们更容易预测法官的判决,并且更重要的是,对律师来说,庭审过程中公开公正的游戏规则比一切都重要。对于法律学徒来说,司法知识的确定性,能够帮助他们更容易地掌握法律知识和技巧,并且更容易弥合法律教育与法律执业之间的鸿沟。

(三)先例机制的结构与功能

下面我们就来看看这个法庭辩论和司法推理游戏的规则。对于正在进行的某个案件而言,法官的工作是主持司法的程序,通过这个程序查明案件的事实,最后通过一种区分技术,将该案件的事实与此前的先例联系起来,并辨析和论证该案件的关键事实与先例的关键事实之间是否存在同一性。如果这种同一性能够被证明,则先例中确立的法律规则、判决结果或论据便可以适用到本案中。一般而言,如果本案中的关键事实与先例中的关键事实之间存在完全的一致,则本案的判决与先例的判决结果就要一致。但这样的情况并不多见。在比较本案的关键事实与先例中的关键事实时,总是需要运用必要的概念性工具,对案件事实进行抽象化和概念化,从而形成一种抽象化的效果。此时，本案与先例之间的比较，就往往不是纯粹事实层面的比较了。[1]

因此，本案与先例之间的比较，除了事实层面的比较，还涉及论证理由的比较，即先例中的法官是如何理解其中关键性事实，并且利用这些关键性事实来论证判决结论的。在这个思路下，先例中的判决理由进一步被区分成真正重要的和相对不重要的。比较重要的判决理由后来被称作"判决理由"；相对不那么重要的判决理由，则被称作"附带意见"。"判决理由"被看作先例中真正重要的部分，因此构成了对本案的直接拘束力；而"附带意见"则被看作先例中不太重要的部分，因此对本案的判决不具有拘束力，仅仅具有参考的价值。[2]但是，由于先例制度本身所具有的那种链式的结构，因此"附带意见"如果不断地被此后的案例所援引，就会形成乘数效应，从而转变成实质的"判决理由"。

在这个游戏规则下，法官、律师、法律学徒证明自己技艺优越的途径，就是证明自己区分技术的优秀。由于法官是从最优秀的律师中遴选出来的。因此，法官在运用区分技术展示法律推理技巧上的熟练与优秀，一般是公认的。但即使如此，由于一切都发生在公开环境之中，法官仍然必须当众不断展示自己的高超技艺。而他在整个庭审结构中所处的位置，也能够帮助他最后发言，采纳法庭论证环节中律师所提供的各种法律推理和论证的思路和内容，将其采纳和吸收到自己的司法判决中。

1　[英]鲁伯特·克罗斯、[英]J.W.哈里斯：《英国法中的先例》，第49—51页。

2　[英]鲁伯特·克罗斯、[英]J.W.哈里斯：《英国法中的先例》，第45—107页。

对于律师来说,他们的工作是在与对方律师的对抗性竞争中,为法官提供最有利于己方的和最有说服力的论证结构,说服法官采纳自己提供的区分技术和思路,并尽力攻击对方所提供的区分方案。如果最后某一方律师的方案被法官采纳了,就构成了对该律师的最大鼓励——赢得诉讼,并且在整个律师市场中赢得更大的声誉,从而提升自己的职业地位。

围绕着出庭律师的法庭辩论,还有相当多的外围服务者,例如,为出庭律师准备材料和进行前期调查的事务律师、旁观和记录法庭辩论的法律学徒等。他们并非可有可无,而是整个裁判机制的重要组成部分。用“产业链”的理论来说明他们的地位,虽然有不恰当之处,但足以形象地说明他们在整个链条中的地位和不可或缺性。

在先例制度下,作出个案裁判的法官还会发现,当他们在具体作出裁判时,对待先例的态度也发生了变化。当先例仅仅是法官的参考时,法官对先例的选择具有某种随意性,先例能否进入判决,能否对法官的判决产生影响,主要基于法官主观的考量。但一旦先例原理成了一种规则,法官变得无法忽视先例时,可供参考的先例与法官之间的关系,以及这些先例之间的关系,也都发生了微妙的变化。先例与先例之间的联系,不再是随意的。法官不但必须参考相关的先例,并且还必须用一种逻辑将先例统一起来,实际上是说明不同先例之间的关系,以及先例与本案之间的关系。一般而言,法官必须按照时间的顺序,从最早的先例开始,依次分析每个先例,阐述隐藏在先例中的“线索”是如何一步步发展到最近先例的。正是依靠这条“线索”,不同的先例之间构成了一个“先例串”或者“先例链”,在这条

“先例链”的最末端，就是法官目前正在裁决的案件。大略地讲，将“诸多先例”与待决案件串起来的这条“线索”，就是法官从这些先例中概括出来的判决理由。

巧妙的是，作为“线索”的判决理由，并不因此而作为一个抽象的规则对待决案件发生影响，犹如大陆法系法官根据某个“抽象的规范”来判决个案。作为线索的判决理由尽管可以被抽象地进行表述，但仅仅是抽象的表述是没有意义的。先例制度的意义恰恰就在于，通过在抽象规则之外，提供一连串的先例，为如何理解这种抽象规范在具体适用过程中的含义提供了某种暗示与限制：

> 问题可能是一个特定的汽车司机没有遵循适当的注意义务而不小心驾驶还是超速行驶。没有人怀疑一个汽车司机有一种小心驾驶的法律义务，而且，经常的情况是，唯一的问题是当他对路人或另一个汽车司机带来了伤害时，他是否违反了这个义务。[1]

就此而言，既是以“判决理由”表现出来的法律规范作为“线索”将诸多先例串起来，同时，这些被串在法律规范上的“先例”所包含的关键性事实，又具体指明了法律规范的含义，从而在对该规范进行解释的诸多可能性中，排斥了某些可能性，并强化了另外某种解释的可能性。

由于可供参考，并且必须被考虑的先例之间，拥有某种以时间为

1　［英］鲁伯特·克罗斯、［英］J.W.哈里斯：《英国法中的先例》，第46页。

轴线的秩序,并非随意的。因此,往往是后面的先例对前面的先例构成了某种或补充、或限制、或明确化的效果。也就是说,前面的先例往往被后面的先例吸收,并且通过后面的先例对待判案件产生影响。[1] 因此,真正对手头待决案件产生实质影响的,主要是离手头待决案件最近的那个先例。正如德沃金曾经打过的一个比喻,不同的先例之间的起承转合的关系,犹如一部永远都写不完的小说,前面的法官判决了一个先例,犹如写完了小说的一章,后面的法官依据该先例所做的另外一个新的先例,犹如接着这一章往下续写的新一章。因此,对于处理手头待决案件的法官来说,最重要的一章,当然是他要接着它往下写的那一章,但要理解这一章,又不能完全抛开从第一章起一直延续到该章的那些章节的内容。

当然,将类似的先例串联起来的这个"线索",也不是唯一的。究竟线索是什么,这个是需要发挥法官的技巧、创造性才能完成的工作。在确定线索的过程中,区分技术至关重要,"判决理由"与"附带意见"的区分,也服务于此。因此,就某个具体裁判来说,它虽是受到此前先例影响的,但先例并不能完全决定具体个案的裁决。在裁判的过程中,由于区分技术的存在,裁判者对于先例是否存在,先例与手头处理的案件之间的类似性,究竟是基于"判决理由",还是基于"附带意见",仍然拥有一定的自由裁量权。这种自由裁量权是一种弱意义的自由裁量权。

同时,由于先例制度的存在,法官也必须注意到手头处理的案件极有可能成为此后类似案件的先例。因此,法官必须意识到,虽然处

1　[英]鲁伯特·克罗斯、[英]J.W.哈里斯:《英国法中的先例》,第51—54页。

理的是个案,但个案裁判仍然有可能创造了一个有限度的“规则”,对未来的案件具有一定程度的制约性。就此而言,法官的裁判不仅受已成为过去之先例的约束,实际上也要受到未来案件的某种制约,因为目前处理的案件,很可能是“未来正在处理案件的先例”。[1] 因此,先例制度中的时间结构具有特殊性:其中现在不仅仅是“当下”,而且构成了“未来之当下的过去”。[2] 这是一种非常有趣的时间观,是一种被结构化了的时间观,对判例系统的存在和持续至关重要。

先例制度的确立具有很重要的意义,就是形成了一种司法推理的特殊结构,即一个判决的作出,必须同时考虑此前先例对本案的影响,又要考虑本案判决对此后类似判决的可能影响。处于个案裁判的法官,此后会逐渐发现自己处于一种由先例构成的结构化的网络之中,不得不受到整个判例网络的形塑、制约与引导。即使是最有创造力的法官,此时也很容易感受到有时候似乎不是自己在作出判决,而是有无数判例构成的判例网络按照自己的逻辑在作出判决。

小结

亨利二世司法改革以后,尤其是约翰王被迫签订《大宪章》事件之后,英国普通法的故事似乎突然变得平淡起来,很难引起历史学家和读者们的兴趣。就故事本身的跌宕起伏而言,确实是如此,但这并不表明此后很长一段时间里,英国普通法的故事就不重要了。恰恰

1　泮伟江:《当代中国法治的分析与建构》,中国法制出版社,2012 年,第 202 页。

2　Niklas Luhmann, *Das Recht der Gesellschaft*, Suhrkamp Verlag, Frankfurt am Main, 1993, p.333.

相反,与亨利二世的普通法故事相比,这一段缺乏“超人英雄”的普通法历史,对英国普通法的意义,更为关键和重要。普通法的本质,恰恰就形成于这段时期。但要理解隐藏在这段普通法历史中的真相,我们必须做好足够充分的理论准备,训练一种特殊的“看历史”的手眼和能力,而必要的社会理论的训练,是这种训练的核心内容。如果我们在这种训练后,能带着一种全新的眼光和方法来看待这段历史,那么就会发现这段时期的看似平淡无味的英国普通法,其实蕴含了深刻的革命性,形成了一种人类历史上前所未有的社会结构。这种全新的社会结构依据一种全新的逻辑运行,并且形成了足够的稳定性。它之所以是强大和稳定的,是因为它满足了人类某种最普通、平常和显而易见的需要,例如客观稳定的正义、可预期性等。因此,一旦普通法的发展与人类的这些最基本需要的满足联系起来,普通法也就获得了强大的生命力。就此而言,普通法的发展,也是人类文明的一个伟大成就。

这并不是一种言过其实,而是一种实实在在的赞叹。英国普通法的发展对英国的经济、政治、文化等各个方面的影响,以及通过英帝国给全世界带来的影响,无论如何赞誉,都是不为过的。例如,麦克法兰曾经就英国普通法对英国的资本主义的产生进行过专门考察,认为英国资本主义的产生,要远早于英国革命,它在中世纪时就已经形成了比较成熟的资本主义体系了。而这一时期,恰恰就是本章所描述的法律职业共同体成长,判例制度逐渐成熟的时期。麦克法兰认为二者之间的这种同期性并非一种巧合,而有着深刻的内在关联性,并进行了细致的论证。笔者基本同意麦克法兰的这种论证,但限于学力和视野,本书对英国普通法故事的描述,更侧重其政治内涵。这就是我们在下一章马上要讲述的普通法故事的内容。

第四章

普通法宪政与理性官僚制问题

经过相当漫长的历史探寻,我们清晰地看到,从其诞生时刻开始,英格兰普通法就对英格兰民族的结构、性格、精神产生了本质性的影响,以至于英格兰的历史,就是英格兰普通法的历史,而不了解英格兰普通法对英格兰民族性格与气质的影响,你根本就很难理解英国人。

迄今为止,我们都是通过一种“向后看”的历史视角,追根溯源地解答本书开头提出问题:英格兰政体下的英国既自由又强大的原因何在?但问题似乎又不仅仅是如此简单。哪怕是最迂腐的人,也能够看出来,中世纪森林里的“村社自由传统”,并非如活化石一样,原封不动地被“冷冻式”地保存到我们所生活的这个时代。英格兰政体下所呈现出来的那种蓬勃的创造力和自由精神,与中世纪盎格鲁-撒克逊的地方村社共同体之间具有一种谱系性的联系,这当然是没有问题的。但在找到两者的这种联系之后,还必须面对的一个问题——这种联系的具体含义是什么？毕竟自1066年诺曼征服以来，一直到17世纪英国革命的发生，英格兰的历史经历了六百多年的时间，在这六百多年里，英格兰的政治、经济和社会结构，发生了许多根本性的变化。如何解释这种自由传统生生不息的传承与英格兰政治、经济和社会结构的巨大变迁呢？当英格兰从一个以中世纪封建制为主的政治、经济和社会结构转变为一个以工商为主的政治、经济和社会结构时，这种自由传统如何保持其内在本质的一致性与生命力？

此外，通过英吉利海峡，英格兰被区隔出西欧大陆，虽然这对英格兰的历史产生了巨大的影响，但英格兰毕竟是整个西欧文化的一个部分，在罗马帝国时代、日耳曼蛮族入侵时代，英格兰都内嵌于整个欧洲的大历史之中。诺曼征服后的英格兰，当然也不能完全自外于整个欧洲大陆的历史大变迁，它同样也受到了罗马法复兴、文艺复兴和宗教改革的影响。英格兰又是如何能够在西欧历史的大结构中，顽强地保持自己的独特性，甚至最后反作用于西欧历史的大结构，并通过西欧大陆的革命，以及大西洋航线的开辟，对全世界产生如此深远的影响？

对这些问题，有许多历史学家尝试性地提出了许多解释。例如，梅特兰曾经提出，日耳曼人入侵罗马时，只有英格兰保持了最纯正的日耳曼的血统和习惯，欧洲大陆则是日耳曼人与罗马人混居，形成了一种日耳曼文化与罗马文化的混合文化，因而在日后接受罗马法时，具有文化基因的亲近性。此外，梅特兰还尝试从地理的因素来寻找英格兰独特性的原因——英格兰是一个岛国，既足够大，又足够小，因此更容易形成统一的王权和法律。[1]

梅特兰的这些解释非常有趣,但是否真的能够解释英格兰政体与文化的独特性问题,仍然是有疑问的。如果说,英格兰政体的独特性问题是一个很严肃的理论问题,那么这些解释反而显得有些随意和轻浮。这几个解释的问题是,虽然它试图解释英格兰的特殊性,但在寻找英格兰的特殊性时,由于过于专注地寻找一些特殊的、个别的、唯有英格兰具有的因素,因此无法解释为何如此特殊的英格兰,最终却是普遍性的。起源学,或者发生学的研究的缺陷,正在于此。

正如我在第一章交代本书写作的问题意识和写作背景时指出的,我们关注的不仅仅是英格兰相对于西欧大陆后发现代性国家而言的独特性,我们更关注这种发生学意义的特殊性所内蕴的普遍性含义——对这种特殊性与普遍性辩证法的把握,恰恰是我们理解现代世界的关键之所在。或者说,引发我们探讨英格兰普通法与英格兰政体奥秘最深层的理论兴趣,恰恰就是英格兰普通法由某种特殊的地方性习惯法,转化成一种具有普遍世界历史意义的现代性机制。

如果说,前面各章的讨论更侧重那种向后看的发生学层面的探讨,则从本章开始,后面的讨论更加侧重如何通过对英格兰普通法机制的探讨,理解英格兰现代政体的内部逻辑及其对整个现代世界的影响。在我们进行这种探讨时,由西欧15世纪的绝对主义国家演变而来的西欧大陆的主权国家,是我们用以参考、对比考察英格兰普通法宪政逻辑的对应物和参照系。

1　See Alan Macfalane, *The Making of the Modern world*: *Vision from the West and East*, Palgrave Macmillan, 2002, pp.73–83.

一、柯克故事的隐喻：普通法宪政与主权理论

我们在本书第一章就已经提到，欧陆的理论家们，无论是政治哲学家还是社会理论家，对英格兰政体的观察和研究，都呈现出一种令人既羡慕又费解的状态。我们也曾经暗示，这样一种情况，可能与欧洲大陆近代早期绝对主义国家的现代性经验有关系。实际上，这样一种欧陆经验与英格兰普通法精神之间的紧张，在近代早期已出现在英格兰的内部，尤其是在都铎王朝建立之后。

自 1485 年红白玫瑰战争结束，都铎王朝建立以来，英格兰政体的塑造过程，基本都是沿袭着整个西欧大陆绝对主义国家的轨迹前进的。都铎王朝的亨利八世就是在文艺复兴的酱缸里泡出来的，称作文艺复兴之子。亨利八世对一水之隔的法兰西国王的专制权力非常羡慕，也试图在英格兰建立类似政体。他崇尚罗马法，对普通法则敌意重重，多次试图取消律师公会制度，整改普通法法庭，并建立多个直接听命于他的特权法庭。年鉴制度就是大约这个时期被取消的。梅特兰曾如此形容这一时期的英格兰普通法："在 16 世纪中叶和都铎统治时期，我们的古老法律形容枯槁。"[1] 由此可见，英格兰的统治者并非没有过冲动，建立类似 16 世纪以来欧洲大陆绝对主义国家君主们所建的那种绝对主义国家政体。此外，亨利八世以来，英格兰君主与罗马教廷的对抗，最终演变成独树一帜的英格兰国教"圣公

1　[英]梅特兰：《英格兰法与文艺复兴》，易继明、杜颖译，北京大学出版社，2012 年，第 61 页。

会”,其中英格兰君主成为圣公会的最高者,就非常能够体现英格兰作为拥有“对外主权”的现代主权国家的性质。

1603 年,没有直系继承人的伊丽莎白女王去世,王位由其侄子苏格兰国王詹姆斯六世继任。英国历史由此结束都铎王朝时期,进入斯图亚特王朝时期。苏格兰虽然也位于英格兰半岛,但历史上与英格兰关系长期处于紧张状态,接受的是欧洲大陆的罗马法传统。詹姆斯六世继任英格兰国王后,改称詹姆斯一世,建立了斯图亚特王朝。斯图亚特王朝基本上延续了都铎王朝绝对主义国家的政制传统,体现在法律领域就是特权法院林立,与普通法法院冲突严重。17 世纪初,以柯克为代表的普通法法院与詹姆斯一世支持下的特权法院之间,冲突不断。其中,尤其以柯克所领导的普通法法院与高等宗教事务法院之间的冲突最为直接、激烈和严重。

柯克出生于 1552 年,曾经担任过英格兰下议院的议员、副检察长(solicitor general)、总检察长(attorney general)、普通法法院的首席大法官以及王座法院的首席大法官。柯克不但职业经验丰富,还出版了四卷本的《英格兰法总论》[1],以及十多卷的《案例报告集》,记录了他曾经审理过的许多经典案例,并进行评论和总结。其中,最有名的两个案例,或许就是卡尔文案与邦汉姆医生案。其中,卡尔文案中柯克处理了英格兰与苏格兰合并之后,英格兰普通法是否适用于苏格兰人的问题。[2] 柯克对此案的处理,既有突破,又相对保守,即便如此,此案对后来美洲殖民地普通法适应的问题有重要影响。邦汉姆

1　其中前三卷出版于 1628 年,第四卷于 1642 年正式出版。

2　Sir Edward Coke, “Part Seven of the Reports”, in Sheppard Steve eds., *The Selected Writings and Speeches of Sir Edward Coke*, vol. 1, Liberty Fund(2003).

医生案则否决了议会法案的效力，被后人看作美国违宪审查实践的最早渊源。[1] 当然，在柯克记载的两个案例的判词中，柯克也精妙地阐述了普通法的法理，概述了普通法的精神，隐约之中，已经建构起一套完整的普通法的法学理论。

除此之外，最富有象征意味的，则是柯克在《案例报告集》第12卷中记录的"禁止国王听审案"。该案发生于柯克担任普通法法院首席大法官时期，乃普通法法院与高等宗教事务法院之间冲突的总爆发，最典型地体现了其所秉持的普通法理性与国王的绝对主义国家逻辑之间的冲突。

1605年，坎特伯雷大主教班克罗夫特（Richard Bancroft）曾向枢密院抱怨高等宗教事务法院的管辖权受到了普通法法院禁止令状[2]的限制，并要求废除普通法法院的这项权力。

1607年，一名叫福勒（Nicholas Fuller）的普通法出庭律师，因其客户被高等宗教事务法庭判为"非国教分子罪"（non-conformity），向王座法院申请针对宗教事务法院的禁止令状，并在法庭辩论中指责高等宗教事务法庭的审理程序是"反基督的"，是"教皇主义"的。高等宗教事务法院因此以分裂教派罪判处他罚金和监禁。对此，王座法院一方面承认宗教事务法院有权惩罚分裂教派罪，但另一方面又否认宗教事务法院有权处罚出庭律师在法庭辩论中所发表的言论，并且强调普通法法官有权决定宗教事务法院司法管辖权的范围。柯

1　Sir Edward Coke, "Part Eight of the Reports", in Sheppard Steve eds., *The Selected Writings and Speeches of Sir Edward Coke*, vol. 2, Liberty Fund(2003).

2　由上诉法院所签发的阻止下级法院超越其管辖权，或阻止非司法官员或组织行使权力的一种非常令状。

克本来的身份是作为中间人来调解王座法院与宗教高等事务法院之间冲突的,但此时他对宗教高等事务法院的做法也表示强烈不满,更因此签发禁止令状,否定宗教高等事务法院的司法管辖权。

班克罗夫特大主教对王座法院以及普通法法院的做法极为不满,他诉诸英王詹姆斯一世,认为涉及宗教法院司法管辖权的问题,或者任何涉及法律上有疑问的问题,都应当由国王本人裁决;王室法官是国王委任的,国王可在任何时候撤销这些法官对某一案件的审理权,改由国王裁决。

1608 年 11 月 6 日,普通法法官和宗教高等事务法院的法官被叫到国王的座前,国王宣布要亲自审理这个案子。班克罗夫特大主教奏请如下主张,即对于法官审理的任何案件都可由国王本人"以国王的身份"直接裁决。国王也倾向于认同此一主张,但柯克在这次会议上坚决地反对这个主张:

> 由全英格兰全体法官、财政法院法官见证,并经他们一致同意,国王本人不能裁决任何案件,不管是有关叛国罪、重罪等刑事案件,还是各方当事人之间有关遗产、动产或者货物等案件;相反,这些案件应当在某些法院中,根据英格兰的法律和习惯来决定和裁决。

詹姆斯一世反驳道:

法律是以理性为基础的,除法官以外,朕与他人一样拥有理性。[1]

针对国王的观点,柯克巧妙地答道:

确实,上帝赋予了陛下卓越的技巧和高超的天赋;但陛下对于英格兰国土上的法律并没有研究,而涉及陛下臣民生命、遗产、货物或者财富的案件,不应由自然的理性,而应依据技艺理性和法律的判断来决定。法律是一门需要长时间地学习和实践的技艺,只有在此之后,一个人才能对它有所把握:法律是用于审理臣民案件的金铸的标杆和标准,它保障陛下处于安全与和平之中。正是靠它,国王获得了完善的保护。因此,我要说,陛下应当受制于法律;而认可陛下的要求则是叛国。对于我所说的话,布拉克顿曾说过:国王应当不受制于任何人,但应受制于上帝和法律。[2]

1607年的这个案子,导致了柯克与国王之间的冲突与成见日深。据说国王为了使柯克不至于在普通法法院首席法官的位置再捣乱,于1613年提名柯克担任王座法院的首席法官,希望通过此举拉拢柯克,诱惑他改变反对国王恣意特权的立场。但柯克担任王座法院首

1　Sir Edward Coke, Reports Ⅻ, "Prohibitions del Roy", in Sheppard Steve eds, *The Selected Writings and Speeches of Sir Edward Coke*, vol. Ⅰ, Liberty Fund (2003), pp.478-481.

2　Sir Edward Coke, Reports Ⅻ, "Prohibitions del Roy", in Sheppard Steve eds, *The Selected Writings and Speeches of Sir Edward Coke*, vol. Ⅰ, Liberty Fund (2003), pp.478-481.

席法官期间,仍然“执迷不悟”,最终于 1616 年,在培根等人的弹劾下,被国王免去王座法院首席法官一职。

柯克与国王詹姆斯一世之间的斗争,可以看作英国革命的预演。就此后英国革命发生的过程与结局来看,最终取得胜利的是柯克,而不是国王。光荣革命先是象征性地剥夺了王权的绝对尊严,此后议会责任内阁制的发展,又实质性地将君主最依赖的行政权也剥夺了。失去了对行政权的控制,君主就真的变成一个象征与符号。

又该如何理解柯克与国王斗争的这种象征性意义?柯克与国王之间的争论,特别典型地向我们揭示了两种政体逻辑之间的差异与针锋相对。波考克曾经非常清晰地分析了隐藏在柯克与国王之争中的三种政体逻辑的交锋过程。

首先是以柯克为代表的普通法的“古老的宪法”的宪政逻辑,与以菲尔墨为代表的保皇党人的“古老的王权”之间的意识形态斗争。二者涉及的具体政治利益与立场虽然针锋相对,但理论逻辑线路却又惊人的一致。在他们看来,究竟是普通法更古老,还是王权更古老,决定了究竟是绝对主义王权更具统治的正当性,还是普通法宪政更具统治正当性。

在第一轮的较量中,普通法宪政的意识形态占据了上风,这是因为当时整个英国绅士阶层的心灵世界,是受普通法心智宰制的。但从 17 世纪开始,出现了另外一种挑战普通法宪政的逻辑。这种逻辑不再纠缠于诺曼征服前是否存在着古老的“普通法权利”的问题,而是致力在抽象的哲学层面来论证统治的正当性问题,其中最典型的就是霍布斯逻辑。通过自然状态的理论,霍布斯逻辑严密地论证了绝对王权统治的正当性。这对普通法宪政的逻辑，提出了严重的挑战。霍布斯的出现，根本性地导致了普通法宪政逻辑的衰落，促使英格兰宪政的拥护者，也不得不从抽象的政治哲学的层面，来论证混合宪政的正当性问题。这就是洛克版宪政理论产生的思想史背景。

如果说，都铎王朝是在世俗政治统治的层面受到了 16 世纪以来西欧大陆绝对主义王权兴起之趋势的影响，则 17 世纪末 18 世纪初所发生的政治思想的根本性改变，乃欧洲思想和经验对英格兰心灵的一次更加深远和成功的影响。都铎王朝的政制改革，虽然对英格兰普通法宪政造成了重大的冲击，但其并没有摧毁英格兰普通法宪政的根基。而 18 世纪的政治哲学革命，则根本性地动摇了英格兰普通法宪政的理论基础。从此以后，无论是在现实政制形态，还是意识形态基础，普通法宪政都被议会主权的范式所取代——英格兰普通法宪政虽然并没有被连根拔起，却不得不改头换面为“法治”（rule of law）理论，继续存在于英格兰的宪政理论之中，对英格兰的宪政发生影响。

从“有限王权”到“君权绝对”，再从“君权绝对”观发展到现代“主权理论”，这样一条演进的路线，被现代多数政治哲学家和历史学家看作欧洲历史从落后的中世纪进入到先进的现代的标志性事件之一。近代早期出现的绝对主义国家与现代主权理论之间，存在着根本的一致性与继承关系。两者之间的共同特征，就是强调主权者对其辖下臣民的绝对支配性，以及主权者与其他主权者的绝对平等性。已经有研究者指出，虽然霍布斯的自然状态理论，主要是论证对内主权的正当性，但其实霍布斯主权论真正的现实感，乃对外主权的绝对必要性。有论者指出,1588年霍布斯出生那年,西班牙无敌舰队入侵英格兰,对英格兰民族心理所造成的恐惧,一直到霍布斯童年时期仍未消除,并给霍布斯留下了足够深刻的印象。近代早期欧洲绝对主义国家兴起之历史,就是一个活脱脱的国际层面之自然状态的现实版过程。国际层面的自然状态,较霍布斯所描述的国内层面的无政府状态来说,是一个更难以解决的基本秩序问题。无论是基于语言、血统、文化等因素,还是基于分封关系,能否建立起稳定的政治共同体,并且从中稳定和不断地汲取税收,就构成了一个政治共同体能否捍卫生存之权利与尊严的关键所在。主权的概念,恰恰是配合这个过程而发生的。[1]

需要注意的是,哲学元理论层面的主权概念,主要发生在规范正当性的层面,但在实际有效性层面,则必须注意"理性官僚制"与"绝对主义国家"的兴起和"现代主权观念"的流行之间的对应关系。如果说,"现代主权观念"是绝对主义国家的"灵魂"的话,则"理性官僚制"就必然是他们的"身体"——绝对主义国家是"心"与"身"一致的结果。与此相对,如果说,霍布斯对柯克的批评,以及后来黑尔对霍布斯的回应和反批评,都是在"心"的层次上进行的,那么要理解这种观念形态的争论,一个重要的前提,就是回到"身"的层面来观察。例

---

1 就霍布斯对内主权的正当性论证而言,哪怕同意他的自然状态理论,也未必能够直接推导出对内的绝对主权。例如,帕森斯就指出,自然状态的本质,乃"指导和规制人的行动选择"的规范的匮乏。在自然状态与绝对主权之间,有许多中间性的存在,可以为人们的生活提供规范性指引,例如家庭共同体、地方性的村社共同体。因此,国家并非是必然存在的。因此,以自然状态理论为基础,纯粹从主权者内部秩序之生成的角度来论证国家主权者支配的绝对性逻辑,仍然是不够的。因此,必须从主权者的外部环境之严酷性的角度,来理解现代主权国家的正当性。外部环境的问题,多数时候首先并非一个理论的问题,而是一个现实的问题。因此,现实感非常重要。

如,如果缺乏现代理性官僚制对主权观念的支撑和落实,则主权理论再伟大,也不过是一种空谈。恰恰是通过一种新的常规化、专业化的“行政管理”机构,西欧各王国的国王们对整个王国的支配和资源汲取程度,达到了一种前所未有的程度。

霍布斯是在生命最后几年里写作《一个哲学家与普通法学者之间的对话》的。此时,《利维坦》早已出版和流传,他的理论也逐渐为人们所熟悉和接受。但霍布斯在如此高龄,仍然奋力写作此书,批评英格兰普通法的宪政逻辑,显然是因为它威胁到了霍布斯的主权理论,甚至已危及到主权理论的根基。那么,普通法是在何种意义上对霍布斯所代表的现代主权理论提出了挑战,是很值得深思的。

反过来说,从霍布斯主权理论对普通法宪政理论的冲击,并直接导致此一宪政理论之衰落的历史效果来看,霍布斯的主权理论给普通法宪政理论带来的危机更为深重。虽然此后黑尔很有力地回应了霍布斯的批评,但仍然没有扭转现代主权理论的大势所趋。这又是为何?

初步的答案是,虽然黑尔在理论的层面成功地将“静态的”古老宪法理论转换成“动态的”和“有机的”宪法理论,并因此而成功地捍卫了柯克的“技艺理性”的概念,但黑尔的一个重要缺陷是,他并没有像霍布斯那样,在现代国家逻辑的层次上作出回应。因此,要回应霍布斯主权理论对普通法宪政理论的挑战,核心的任务是:清晰地说明普通法宪政对于现代国家之构成及其动态化的运作的影响为何。也就是说,霍布斯对英格兰普通法的批评,实际上提出了一个很重要的问题,那就是如何从政治哲学的角度来看待和理解英格兰普通法的问题。

如果从主权理论的支配逻辑和绝对主义国家的权力逻辑来看,英格兰普通法似乎是技术性的和非政治化的。因此,英格兰普通法似乎不应该在英格兰现代国家的建构中占据一席之地。但实际上英格兰现代政体的形成,受到英格兰普通法的深刻影响。霍布斯对此感到困惑不解,觉得这是错误的,应该纠正这种错误。实际上,不但霍布斯有这种困惑与不满,后来的许多人都有同样的理解和感受。例如,继霍布斯活灵活现地刻画了绝对主义国家之"魂"(虽然霍布斯本意是想描画"身体"的)后,韦伯最清晰和准确地将绝对主义国家的"身体"——理性官僚制刻画出来了。但韦伯却很难理解英格兰的政体与英格兰的普通法。英格兰政体和英格兰普通法,与欧洲大陆的绝对主义国家相比,似乎是不同的"人种"——有着不同的"身"和"心"。如果说,以欧洲大陆绝对主义国家为标准来界定这个"人造巨人——利维坦"的话,那么英格兰甚至连这个"人"(甚至是"残疾人")的标准都够不上。[1] 但英格兰在光荣革命后又是如此成功——偏偏是这个"边缘人"英格兰最适应由绝对主义国家间博弈而形成的威斯特法利亚的世界体系,实在令人费解。

由此而来的另外一种思路,就是试图把英格兰说成一个"正常人"——用比附的方法:历史社会学的另外一个支系,以斯特雷耶为代表,尝试用一种更加灵活的功能对等主义的视角来观察英格兰政

1　例如,安德森于 1974 年出版的《绝对主义国家系谱》以西欧的封建主义为背景,根据国家权力集中的程度设置了三类绝对主义国家的理想类型,其中法国是最成功的理想类型,而西班牙和瑞典则被归入残缺型,英国则被归入到了失败型。参见佩里·安德森《绝对主义国家的系谱》,刘北成、龚晓庄译,上海人民出版社,2001 年,第 113—145 页。

体,从而将英格兰政体建构从"失败型"的边缘挽救回来。对于斯特雷耶来说,英格兰虽然没有建构起典型的欧陆意义的绝对主义国家,但英格兰更早地建立起了一种能够起到同样功能的东西,这就是英格兰普通法。在《现代国家的起源》中,他试图证明,英格兰比欧洲大陆更早地进行了现代国家建构的尝试,并且取得了极大的成功。恰恰是英格兰国家建构的这种早期成功,使得英格兰走了一条不同于欧洲大陆所走的绝对主义国家之路,既保障了基层的自治与自由,同时又实现了现代主权国家所追求的国家认同与治理能力。[1]

埃特曼的《利维坦的诞生:中世纪及现代早期欧洲的国家与政权建设》中提出的新的国家类型学划分,是斯特雷耶思路的一个最新升级版。在这种类型学划分中,他将欧洲基督教国家的类型,按照绝对主义/宪政主义、世袭官僚制/官僚制这两个标准,划分成四个类别:其中宪政主义与官僚制的结合是最好的,以英国和瑞典为代表;官僚制与绝对主义的结合则次之,以德国等日耳曼的领土国家与丹麦为代表;而世袭官僚制与绝对主义相结合则再次之,以法国、西班牙等拉丁语系的欧洲为代表;最次的则是宪政主义与世袭制相结合,以东欧的波兰和匈牙利为代表。详见下表:

1 参见斯特雷耶《现代国家的起源》,华佳等译,格致出版社,2011 年。

		政权	
		绝对主义	宪政主义
国家基础结构的特征	世袭制	法国、西班牙、葡萄牙、萨伏伊、托斯卡纳、那不勒斯、教皇国(papal state)(拉丁欧洲)	波兰、匈牙利
	官僚制	日耳曼的领土国家、丹麦	英国、瑞典

埃特曼的这种新的类型学划分,同时结合了安德森与斯特雷耶两种研究进路的精华。一方面,他的类型学划分的基础,仍然保留了安德森的类型学划分的某些基本结构和判断,例如,波兰的宪政体制,在西欧大陆的绝对主义国家竞争中是失败的,而德国与法国的绝对主义国家却具有相对的优越性。但另一方面,在此基础上,他又增添了新的标准,即"世袭制",对应于地理上的"拉丁欧洲",从而在绝对主义国家内部,又区分出了两种类型,以此对应于宪政主义的两种类型。这样就既解释了同为宪政主义的两类国家之间命运的区别,同时又解释了英国宪政主义何以更为成功。在这里,英法的比较替代了韦伯预设的英德比较。但用绝对主义国家和主权国家的概念框架来理解英格兰政体,强调官僚化统治之于绝对主义国家和现代主权国家的核心意义,则与此前的历史社会学研究是完全一致的。[1]

由此可见,安德森与斯特雷耶对英格兰政体的规范判断虽然不同,但两者对英格兰政体的分析框架,却有异曲同工之处:两者实际上都是以西欧大陆的"主权国家"类型为参照,来观察和理解英格兰

1　参见埃特曼《利维坦的诞生:中世纪及现代早期欧洲的国家与政权建设》,郭台辉译,上海人民出版社,2010 年,第 8 页。

政体的结构与逻辑的。在安德森看来，如果以西欧大陆绝对主义国家的处境来看，英格兰政体的命运，大概可能比波兰好不了多少。而在斯特雷耶看来，英格兰政体比西欧大陆的绝对主义国家的历史要久远得多，早在11—12世纪的中世纪时期，就已经成功地建构起其最基础的结构，承担了后来绝对主义国家内政管理的需要。

将安德森与斯特雷耶联系起来理解，就出现了一个很有趣的问题，即普通法与理性官僚制之间的对应——这种对应既体现为斯特雷耶所指出的功能的对等，同时也体现为安德森所指出的两者内部逻辑的本质性差异，即普通法对主权者支配权的限制与理性官僚制下支配的绝对性。两种内部逻辑差异如此之大的事物，又如何可能在功能上对应起来？就此而言，似乎斯特雷耶要比安德森更加高明，因为安德森的思考似乎还仅仅停留在差异的层面，而看不到"表面"的差异实质上是"异曲同工"。但反过来说，哪怕是斯特雷耶所指出的这种"功能对等"，也仍然是"表面的"，因为在普通法的逻辑与理性官僚制的逻辑比较中，差异比对等更加实质且重要，并且必须通过差异才能够理解功能的对等。

除安德森与斯特雷耶各自的思路之外，其实还存在着第三种思路，即更重视普通法与理性官僚制的两种运作逻辑的差异性。但由于这种思路更深刻地理解了此种差异性，因此带来了不同的评价体系——不再是以理性官僚制为坐标来衡量普通法的优劣，而是以普通法为基本坐标衡量理性官僚制的优劣，从而颠倒了这种比较的结构，形成了完全不同的比较结论：在理性官僚制的标尺衡量下，往往这种被认为是失败的普通法，反而是最成功的国家建构类型。而这样一种结果似乎比安德森的结论更加符合历史现实,因为英格兰才是英法争霸的真正胜利者——英格兰对整个西欧大陆的旧秩序提出了一波又一波的新挑战,并且迫使欧洲大陆改变自己的结构和规则,应付来自英格兰普通法世界的一轮又一轮的挑战。

因此,斯特雷耶理论不彻底之处在于,斯特雷耶仍然没有理解英格兰普通法与现代性之间更加直接的关联——他的理论框架仍然是现代主权国家的框架,因此他不得不将英格兰普通法削足适履,硬塞进这个理论框架之中进行测量和理解。其中,尤其成问题的是,斯特雷耶仍然是通过西欧类型的主权国家经验中的官僚化统治的经验,来类比英格兰普通法的治理机制和逻辑的。

二、"理性官僚制"经验的局限性

就现代主权国家统治的官僚化问题,历史社会学的叙述生动有趣,有血有肉,但在基本理论的洞察力方面,其实仍然没有超越它的"父亲"韦伯,只是在韦伯的基本问题意识的框架内做一些更具体的修正和补充。这就使得历史社会学不但继承了韦伯"支配社会学"深刻的洞察力,同时也继承了韦伯"支配社会学"在基本概念建构层面的根本缺陷。恰恰是韦伯在基本概念和基本理论层次对某些很重要的"经验现象"的无知与难以消化,使得这一脉研究在处理英国政制时,总是在一些很根本的问题上难以有所突破和进展。[1]

在韦伯的《支配社会学》中,理性官僚制具有根本性的地位,是韦伯用来说明现代国家的最重要的概念工具。按照韦伯的理想类型式的划分,除克里斯玛型的正当性支配之外[2],《支配社会学》中规定的其他支配类型,都被当作与理性官僚制进行对比的概念设置,其要么纯粹是与理性官僚制完全相反的一种支配类型,例如家父长制的支配类型,要么就是处于家父长制与理性官僚制之间的一种过渡类型,是理性官僚制无法充分实现的产物,例如家产官僚制。所有与理性官僚制相对应的这些支配类型,在某种意义上都被看作前现代的支配类型,而理性官僚制则被看作唯一与现代国家联系起来的正当支配类型。因此,对理性官僚制做何理解和说明,其与各种前现代的官僚制统治类型之间究竟是何关系,对于理解我们关心的问题,具有关键意义。

要深刻理解理性官僚制的特征,首先就必须明确作为其前提的"支配"的概念。所谓"支配",按照韦伯的定义,就是"支配者(单数

1　李猛在《除魔的世界与禁欲者的守护神》一文中,对于韦伯的这个根本缺陷,做了许多出色的分析,尤其是他对韦伯理论中"形式理性"与"实质理性"两个概念的含义与历史背景的揭示,以及更近一步地对德国法治国概念产生的历史语境的分析,颇有启发性。李猛的分析,同样指向德国绝对主义国家的历史经验对韦伯思考的限制,令人称赞的是他在这部分内容里很详细地分析了绝对主义国家与自然法的二元张力,是如何通过法治国的概念予以转化和内化的,恰恰是这种"内化",对德国人的精神世界形成了根本性的制约。参见李猛《除魔的世界与禁欲者的守护神》,载《韦伯:法律与价值(思想与社会第一辑)》,上海人民出版社,2001 年,第 147—163 页。

2　在韦伯的理论体系中,克里斯玛型的正当支配类型,并非是作为日常行政管理的需要而出现的正当性支配类型,而是革命和变革时期出现的正当性支配类型,与各种适应日常事务管理需要而出现的正当性支配比起来,具有打破既有正当性支配性格的"非正当的"正当性支配类型。因此,这种类型的正当支配,随着克里斯玛型人物的死亡,将逐渐转变成其他各种类型的正当性支配类型。因此,本书暂且将克里斯玛型的支配类型的讨论排除在外。

或多数)所明示的意志(命令)乃是用来影响他人(单数或者多数的'被支配者')的行动,而实际上也对被支配者的行动的确产生了具有重要社会性意义的影响——被支配者就像把命令的内容(仅只为了命令本身之故)当作自己行动的准则"[1]。无论是理性官僚制、家父长制、家产官僚制还是封建制,都不过是一种具体的正当化的支配形式而已。

支配的问题往往与行政的问题联系起来理解。所谓的行政,既指通常意义上对公共事务的行政管理,同时也指对古代家族内部经济事务等的管理。在共同体内部,稳定化的行政管理的需要是不可避免的,因此也不可避免地会出现支配的问题。对于小规模的共同体而言,有可能会出现的一种支配形态,称作"直接民主制的行政",即被支配者将支配者看作仆人,而支配者自己也这么看待自己。[2] 但韦伯随即指出,首先,这种直接民主制的行政要行之有效,需要某些特定的条件,例如:地方性的,成员数目有限,成员的社会地位类似,行政职务比较单纯与稳定,等等。其次,直接民主制还有一个不稳定的因素,因为许多人可能因在工作之外没有闲暇时间,难以胜任行政工作,从而使得最后那些不用天天为稻粱谋的人掌握了支配的权力。如果这些人热爱荣誉,则荣誉感还能够约束他的行动。[3]

按照韦伯的观点,在一个静态的社会中,因为年龄和经验,老人占据了这样一个望族的位置。但如果在战争的状态下,则老人的威望就在战士之下,军事首领最终取得了支配的地位,然后军事首领及

1 [德]韦伯:《支配社会学》,康乐、简惠美译,广西师范大学出版社,2004年,第8页。
2 参见[德]韦伯《支配社会学》,第12页。
3 参见[德]韦伯《支配社会学》,第14页。

其亲兵就占据了支配者的地位,并且由于"少数人的好处"[1],逐渐形成了一种长期稳定的组织化的支配模式。如此一来,就形成了支配的结构,在这个结构里,需要考虑和处理的,有"支配者与其机器的关系、这两者与被支配者之间的关系",以及"特有的分配命令权力的方式"的问题。[2] 而长期支配要能够维持,就必须解决正当化的问题。根据共同体的规模、结构复杂性、生活样式等因素的不同,不同的共同体中长期支配的正当化模式也不一样。[3]

在对支配的概念,以及支配的正当性问题做了简明扼要的介绍和讨论之后,从《支配社会学》第二章开始韦伯就正式转入对各种具体支配类型的讨论。其中,首先被拿出来讨论的是理性官僚制(第二章),然后是家产官僚制支配(以及作为其初级形态的家父长制支配和家产制),再是封建制,最后是克里斯玛制支配。虽然韦伯认为不同的支配类型的优劣的比较,必须被放在特定的社会结构的环境中才合适,但韦伯的确给人留下了一种印象,即如果抛开具体社会适用环境的制约问题,单纯就这几种理想类型本身进行比较,则理性官僚制是最先进和最理想的。这有点类似亚里士多德对希腊时代不同政体的比较——就其自身而言,君主制是最优的,但就具体城邦而言,找到适合自己的政体才是最重要的。正如在亚里士多德那里,其他政体的特性,必须通过理想中的最佳政体"君主制"才能够被测量清

1　"少数人的好处",指"相对于被支配的多数人","能随时采取维持其权力地位所必须的、理性的有组织行动",并且"能轻易地压制住威胁到其权力单位的群众行动和共同体行动",并且"较易保持其意图、决议与知识的秘密,以充分发挥其效力"。参见[德]韦伯《支配社会学》,第18页。

2　[德]韦伯:《支配社会学》,第18页。

3　[德]韦伯:《支配社会学》,第11—17页。

楚,要了解韦伯的各种具体的正当支配类型,也必须首先了解“理性官僚制”这种最佳支配类型。[1]

还有一点有趣的地方在于,“直接民主制的行政”,在韦伯的正当性支配的类型学里,并未占据一席之地。韦伯只是在界定“支配”这个概念时,才将它当作一种不完全和不充分的支配类型提及了一下,犹如亚里士多德在《政治学》中讨论城邦政体时,将家庭当作一种未充分发育和不完全的共同体做预先处理一样。“直接民主制的行政”之所以是一种不充分的支配类型,是因为这种行政过程过分依赖于被支配者,并且被支配者随时有可能被撤换。韦伯认为随着行政的质和量的增长,这种支配类型必然会被淘汰。

但是,韦伯却惊异地发现,在英国和美国的乡镇基层,都大量存在着此种直接民主制的支配形式。然而即便是英国,其体量与规模,都已远超过了韦伯所设定的适合“直接民主制行政”的范围和条件。

1　与所有的前现代的正当性支配类型相比,现代理性官僚制具有如下特点:1.各部分有依据规则而来的明确“权限”;2.有一套明确制定的、官府间上下关系的制度,其中下级官府在上级官府的监督之下,即通常所说的官府层级制与审级制;3.近代的职务运作是以原本草案形式保留下来的文书档案,以及由幕僚与各种书记所组成的部门为基础。任职于一个官府的所有官吏,以及所需的物资设备与文书档案,构成了一个办公室;4.职务活动通常都以特殊的专业训练为前提;5.职务发展成熟时,要求官吏全身心地投入,但明确规定办公时间;6.业务的执行需要遵照一般的规则,这些规则必须多少是明确的,多少是全面包罗的以及可以学习的。与现代理性官僚制形成鲜明对比的是家父长制支配类型。家父长制中起决定作用的有两个重要因素:首先,家父长制支配类型虽然也有一个稳定的承担行政管理工作的官僚队伍,但这个队伍忠诚的对象乃专制的家长的人身,而非抽象的共同体。因此,相比理性官僚制通过抽象的规则所赋予的稳定权限所进行的统治,家父长制下家长的个人好恶、性格等人身性的因素,占据关键性地位。由此也给整个官僚队伍的长期存在带来了更多的不确定性,任何官僚都随时有可能因为家长的不满而被免去职位,同时任何重要的行政管理决定,都随时有可能受到家长的干预而改变初衷。其次,家父长制中家长的支配正当性,主要来自传统,而非理性化规则所赋予的权限,而在理性官僚制下,任何统治者,其权力来源都是来自理性化的法律规范所赋予的“权限”。当然,由于家父长的支配权力的正当性来自传统,因此也受制于传统,从而构成了对被支配者的某种保护。

因此,按照韦伯的逻辑,英国的政体,应该是他从第二章起所分析和讨论的正当性支配类型的一种。中古英格兰的封建制政体,固然已经属于韦伯在第四章所讨论的封建制。但中世纪后期一直到近代,英国的政体就很难在韦伯的这种类型学划分里找到自己的位置。韦伯自己也承认,此时英国的行政,并非是通过理性官僚制的行政来实现的,并且已然打破和抛弃了封建制的行政模式,与家产官僚制、家父长制、家产制的正当性支配模式也大异其趣。作为一种常规性的日常行政,当然也不可能是克里斯玛型的。

英国的行政,很大程度上仍然是地方自治型的,也就是小共同体内部的直接民主制行政的模式——顶多是由作为地方望族的"治安法官"支配的望族行政模式。但他仍然很难解释,为何这种"望族行政"是可能的,并且这种"望族行政"能否被容纳进他的类型学划分中,并且能够符合他据以划分类型所设定的标准,成为一种独立的正当性支配的类型呢?

韦伯并没有停留在这个问题上毫无作为,实际上他已经敏感地发现了一个重要的线索,那就是中央集权化的英格兰普通法在英国独特的政体建构中所起到的关键作用。英格兰普通法的法律人,也被韦伯看作一种"望族阶层"。因此,循着英格兰普通法这条线索,似乎可以解开韦伯"支配社会学"的英格兰例外论难题。[1]

然而,中央集权化的英格兰普通法,是否可以被看作一种与德国

1 从这里我们已经隐约可以看到后来斯特雷耶和埃特曼的功能等置主义的思路了。尤其是如下这一段:"英国为中央集权化的司法与望族支配,德国则虽有官僚化,却缺乏政治的中央集权。"见[德]韦伯《支配社会学》,第49页。

理性官僚制下的官僚功能对等物?斯特雷耶和埃特曼倾向承认这一点[1],但韦伯在这个问题上是犹豫不决的。虽然他承认英国是"近代第一个,也是最发达的资本主义国家"[2],但英国却并不符合韦伯用以解释资本主义的一整套社会理论体系。尤其是,韦伯的理性官僚制在这个理论体系里占据了关键的位置,支配并决定了韦伯整套理论体系对现代性问题的理解。而理性官僚制本身,又是通过"理性"这个概念界定的。例如,家父长制与理性官僚制之间有一个根本性的区别,即在于理性化和客观化的法律规则,究竟在其中发挥了何种作用。因此之故,韦伯也将理性官僚制称作法理型的支配正当化类型,而将家父长制的支配类型称作传统型的正当支配类型。

也因此之故,韦伯的《法律社会学》与《支配社会学》之间具有本质性的重要关联,要理解、分析和评价韦伯的现代理性官僚制理论,就必须正确地理解、分析和评价韦伯的法律社会学理论。两本著作之间的互相渗透和相互呼应随处可见。[3] 正是将《法律社会学》引入到对支配类型的分析之中,我们才发现韦伯对现代理性官僚制的分析,严重地受制于他对所谓的现代形式理性法的理解,而这种理解又因严重地受限于现代法律发展史的欧陆经验,而忽略了英格兰普通法的法律经验,从而使得韦伯在设置基本概念框架时存在着严重的

1 尤其是埃特曼,其"普通法官僚制"这个概念强烈地暗示了这一点,同时,由于他以一种鲁莽的方式将"普通法"与"官僚制"直接排列在一起,在视觉上形成了一种特殊的效果,使得两个概念之间的差异和对比,以一种直观的形式刺眼地对照起来。这正是我们下文要着重指出的。

2 [德]韦伯:《支配社会学》,第 49 页。

3 李猛在《除魔的世界与禁欲的守护神》一文中,相当详细地分析了《支配社会学》与《法律社会学》之间的关系。参见李猛《除魔的世界与禁欲的守护神》,载《韦伯:法律与价值(思想与社会第一辑)》,第 141—142 页。

偏差。[1] 因此,通过对韦伯的《法律社会学》的分析,将其与韦伯的《支配社会学》对理性官僚制的分析联系起来澄清这个问题,对于解决我们所关心的一系列根本问题,具有关键的意义。

更具体地说,韦伯的《法律社会学》对于理解现代国家建构问题之所以重要,在于他用来标示现代国家的理性官僚制中的修饰语"理性",是通过《法律社会学》鉴定的。在《法律社会学》中,韦伯以理想类型的方法,将法律分成两个类型,即理性的与非理性的。进而根据形式/实质将二者又进行再区分,最后形成了关于法律的四种理想类型:形式非理性、实质非理性、形式理性、实质理性。根据这个概念工具,韦伯对人类历史中的所有法律类型,都进行了大致的分类和概括。其中,所有人类社会早期的法律,都可以看作是形式非理性的;印度的宗教性法律,被看作是实质理性的;伊斯兰世界的卡迪司法和中国传统的法律文化,则被看作是实质非理性的;而现代西方的法律,则被看作是形式理性的。况且韦伯用来解释现代西方的法律传统的形式理性,又以欧洲大陆罗马法复兴以来形成的成文法传统下的司法运作形态为典型。显然,这样一种理性观念,同样也与欧洲大陆的理性官僚制,尤其是与韦伯时代的德国理性官僚制,是完全符合的。[2]

中国的实质非理性法,在韦伯看来,恰恰对应于中国的家产官僚制(君主制):"法发现在形式和实质上都带有'行政'的性格,并且如

1　这种理解偏差,并不仅仅存在于韦伯身上,而是韦伯前后一批的社会理论家与政治学家,尤其是关注现代国家建构问题的社会理论家与政治学家所共有的。

2　参见[德]韦伯《法律社会学》,康乐、简惠美译,广西师范大学出版社,2005 年,第 28 页。

同行政一样没有明确的形式和时限,在权宜和公平的观点下,一径以支配者的决定与命令加之于服从者身上。”[1]而“行政”,韦伯认为其原始担纲者是“家内支配”(Hausherrschaft),而“家内支配原本无所约制,其中权力服属者相对于家长(Hausherr)并无主观的权利,而家长对权力服属者所采取的行为,若有所谓客观的规范,也不过是来自巫术性制约的他律性反射”[2]。相对于中国的家产官僚制,与西方理性官僚制对应的法律形态,则是规则的普遍化和客观化,具体表现为主观权利与客观法的辩证统一。[3]

但是英国普通法的司法机制与韦伯的形式理性概念却相抵牾,难以被划入到韦伯所设计的这四种理想类型中。首先,英国普通法的运作机制并不符合韦伯所概括的理性法运作机制的特征。英国普通法运作机制的一个根本特征,便是法创制与法发现之间,似乎并没有发生实质性的分离。由此带来的后果便是,英国普通法的裁判,似乎并不可以被描述为对规范的适用,而更类似实质非理性的“就事论事”的性格。

自韦伯提出英国法问题以来,关于如何理解英国法的理性化问题,许多法律理论家和社会学家进行了激烈的争论。就英格兰普通法与现代资本主义的关系而言,英国普通法似乎是理性的,但问题是这种“理性”与韦伯看重的形式理性化似乎又很难协调在一起。例

1　参见[德]韦伯《法律社会学》,第9页。

2　[德]韦伯:《法律社会学》,第8页。此处需要区分社会学和政治学意义的行政,与法学意义的行政。前者重在日常性的官僚,后者则重在强调经过法治规训后的,更加常规化和理性化的行政。

3　参见[德]韦伯《法律社会学》,第6—19,30—137页。

如,英格兰普通法中的陪审制似乎更符合韦伯概念类型学分类体系中的“实质理性”,而英格兰法作为法官法的特征——首先是不成文法,其次法官似乎同时拥有立法与司法的权力(用韦伯的概念说,就是不区分法创制与法发现),以及法官裁判注重个案正当性、“就事论事”的性格——又似乎是“实质非理性的”。最后,用韦伯的这一套概念设置,也很难解释普通法为何如此注重程序性设置(以至于在有陪审团的案件中,法官仅仅起到裁判和主持的作用),以及诉辩双方的激烈竞争性性格。

然而,英国普通法与实质非理性的法律之间,也存在着实质的区别。首先,无论从表面上看,英国普通法的裁判机制多么类似就事论事的卡迪司法,英国普通法实际上具有一种普遍和客观的性格。尽管英国普通法传统与韦伯的理性化概念存在如此之多的不和谐,但韦伯显然仍然将英格兰普通法传统看作西方法律传统的一个组成部分。其次,尽管英国普通法的理论家并不用主观权利与客观法这一对概念来描述英国普通法体系,然而,权利的概念确实存在于英国普通法之中,并且确实拥有一种客观和普遍的性格特征。英国普通法通过对地方性习惯法的吸收和渗透,实际上也拥有一种韦伯所看重的“主观权利”与“客观法”二合为一的特征——这个特征是韦伯在《法律社会学》中尤其看重的,被看作西方法律传统区别于东方非法律传统的一个根本性的特征。

此外,在专业化的问题上,也很难将英格兰普通法传统剔除出西方的理性法传统。因为理性化的另外一个表现形式,就是高度专业化。虽然英格兰普通法很难符合韦伯对“理性”所做的概念设定,但英格兰普通法职业的专业化，丝毫不弱于欧洲大陆的罗马法法律家以及官僚队伍。[1] 当然，韦伯还是用他的“理性化”的概念设置来解释专业化，[2] 如此一来，英格兰的专业化强烈的“决疑论”色彩，又凸显出来了。

由此可见，至少在韦伯关于理性化的一整套概念设置和理论阐述中，英格兰普通法构成了某种难以被归类，却又不得不面对的“理论冗余物”——韦伯理论的“阿喀琉斯之踵”。要超越和克服韦伯的这种理论窘境，就必须对韦伯的这一套概念设置和理论阐述伤筋动骨。而最需要反思的，就是作为韦伯整个社会理论大厦基石的概念——“理性”。[3]

已经有人对韦伯以形式与实质、理性与非理性这样两个标准所

1　例如，在韦伯所概括的理性官僚制中，除了第二个特征中的审级制不符合，其他都符合。例如，英国普通法比德国的理性官僚制要早得多地建立起了文书制度，英国普通法的法官和律师，也必须经受高度专业化的训练，并且其一旦成为普通法的法官和律师，就必须是专职的，而不是兼职的，同时，也有一套相当严格与客观的系统的职业伦理制约着普通法的法官和律师的职业活动。至于权限，普通法法官通过不同法庭的划分，以及法庭的功能与王室政府其他官僚机构功能的分工，也完全符合韦伯对权限的定义。如此看来，英国普通法机制，与韦伯在《支配社会学》中对理性官僚制的特征概括，区别相当小。也正是在这个意义上，“技艺理性”的概念，实际上很难将普通法的理性与欧陆罗马法的理性区别开来，同时，也正是在这个意义上，我反对用“技艺理性”来概括英美普通法的理性。

2　在韦伯的概念体系中，只有形式理性法才体现出了高度的专业性，从而需要一个职业群体来承担和实现这种专业性。在韦伯的《法律社会学》中，这个职业群体就是法律职业团体，在《支配社会学》中，这个职业群体就是理性官僚制下的官僚群体。在韦伯那里，这两个群体之间是高度重合的。官僚制与法律的形式理性化是互为前提的，因为官僚制为形式理性法的法适用模式提供了可能性，反过来，理性官僚制中的职位和权限恰恰是形式理性法所赋予的，所以掌握形式理性法的技巧，恰恰是官僚制得以可能的前提。

3　李猛实际上已经走出了这一步，他用“普通法理性”这个概念来区别韦伯的“形式理性”。在李猛所分析的普通法理性中，正当程序观念占据了非常核心的位置，这当然是在正确的方向上的。但李猛仍然没有真正地说清楚，普通法理性究竟是何种意义的理性，又如何在基本概念的层次修正和改造韦伯的理性观。但李猛的许多具体分析中所流露出的许多思维的火花，表明他对这种普通法理性的性质很有领悟，例如，他提到普通法理性是“内生理性”，因此是能够“自我增长”的，同时他也注意到了托依布纳的反思理性，但他没有沿着这个方向继续探索，殊为可惜。参见李猛《除魔的世界与禁欲者的守护神》，第 170—171 页。

设置的这套概念设置提出了根本性的质疑。有意思的是，这套质疑恰恰是从现代司法裁判现象学的描述和理解开始的。在韦伯围绕“理性”概念所设置的一整套概念体系中，理性与非理性的概念设置，被用来区分“古—今”与“东—西”。因此，现代西方的法律传统，乃理性化的传统。在现代西方的法律传统内部，又区分实质与形式。[1]韦伯指出，虽然现代西方的法律传统的整体特征是形式理性化的，但在这股潮流之下，还存在着重新实质化的潜流，并且越来越蔚为大观。自韦伯之后，“实质理性”与“形式理性”一直被法律理论家们当作观察和理解现代西方法律现象的基本概念。[2]

然而，到了20世纪末，重新实质化的西方法律传统又面临着福利国家所带来的一系列新问题，以“形式理性”为指导的“法律发展观”与以实质理性为指导的法律“发展观”，似乎都同时遇到了各自难以克服的难题，从而使得现代西方法律的发展面临顾此失彼的两难窘境——这种情况，多少有些类似同时期经济学中的“滞胀”问题。

究其原因，乃是因为“实质”与“形式”这一对概念二分法的根据本身就是有问题的。形式理性更强调的是理性官僚制背后的“支配”逻辑。在“支配”逻辑下，命令者最希望执行者与服从者能够最大限度地执行命令者的意志，哪怕命令的内容是荒谬的。因此，在“支配”

1　李猛在《除魔的世界与禁欲者的守护神》一文中指出形式理性化与实质理性化，实际上关涉着伦理理性与目标理性之间的紧张关系。

2　比较典型的是阿蒂亚和萨默斯合著的《英美法中的形式与实质》，在这本书中，两位英、美的法律理论家对英格兰法与美国法进行了比较和区分，他们认为相对而言，英格兰更形式，而美国法更实质，对应着美国法律现实主义运动对美国法律体系的影响。参见[美]P.S.阿蒂亚、[美]R.S.萨默斯《英美法中的形式与实质——法律推理、法律理论和法律制度的比较研究》，金敏、陈林林、王笑红译，中国政法大学出版社，2001年。

逻辑下,命令内容的多种解释可能性就必须被尽量避免。在命令者的主观意志之外,通常被称作“客观理性”的东西,往往也是命令者尽量要回避或者忌讳的。但20世纪德国的利益法学与美国的现实主义法学都已经一再地指出,在现代大型社会的治理中,此种严格意义的形式化,是很难实现的。韦伯也很早地遇到这个问题,它用法律的重新实质化来描述这个问题。但是,韦伯很难讲清楚此种重新实质化与前形式化阶段的实质化之间的区别,而这恰恰是问题的关键之所在。

仔细观察英格兰普通法的运作机制,可以发现英格兰普通法的治理机制,恰恰处于此种既符合形式理性,又带有实质理性的模糊特征。相对于韦伯严格意义的形式理性法,英格兰普通法运作机制并未体现出强烈的“支配”特征。恰恰相反,在整个司法机制中,法律人群体共享的专业理性似乎发挥着更大的作用,从而使得处于最顶端的“支配者”(即国王)被驯化,使得整个司法机制多少变成无中心的平面结构。当然,说整个司法机制是无中心的,仅仅是在相对的意义上而言,因为在上诉机制建立起来后,处于整个上诉机制顶端的法庭实质上成为这个司法机制的中心。然而,端坐在这个中心的法官,是通过证明自己的职业能力与专业权威获得此种中心位置的。他同样需要通过自己的专业能力,在一个又一个的个案裁决中发挥“支配”的作用——此时,此种规则创制是否还能够被认为是在发布命令,是否还是一种支配,都是很难讲的。

然而,又很难用实质理性的概念来理解普通法的整个诉讼机制。在韦伯的理性官僚制结构中,只有处于此种结构之顶端的命令者,才需要一套实质理性的价值体系,用以指导自己的行动。这样一套实质理性的价值体系,就是立法学。在法律适用的过程中,实质理性被剥离,并不发挥作用。所谓现代西方法律的重新实质化,其实就是司法者获得了部分立法者的权力,因此也需要一套实质性的价值体系来指导自己的司法裁判活动。20 世纪的利益法学运动与法律现实主义运动,想做的无非就是这个工作。

但事实上,即便是美国司法结构中,法官也基本上不可能变得像立法者那样,脱离既有的先例制度和司法结构,自由地根据自己的实质价值体系作出裁判。在司法裁判的过程中,突破形式理性的可能性,主要存在于难以避免的法律规范的多种解释可能性之中。但法官在多种解释可能性中进行比较和选择时,实际上很难独立地依据个人意志进行决定,而是必须遵循法律共同体内一般法学发展的水平,通过法律方法与法律论证,来试图将新的解释可能性纳入到考虑的范围之中。此时,相对于韦伯所描述的形式理性化的官僚制,此时法官的工作确实带有更强的创造性,也更加主动,支配的意涵也更少,但与其说这是作为个体法官的实质理性的体现,倒不如说是整个法律共同体的行业理性在发挥作用。

恰恰是由于普通法的裁判权所具有的此种模糊性质,因此它与典型意义的权力之间,是有实质性区别的。孟德斯鸠在观察英格兰普通法的司法裁判权时,就注意到了这个现象。因此,他将司法权与其他两种国家权力(立法权与行政权)区别开来,将其称作"社会性的权力"。[1] 帕森斯关于司法权的社会学研究,在某种意义上佐证了

1　也许这也能够解释,洛克不将司法权看作一种独立的国家权力类型的原因。

孟德斯鸠的此种观察。在一篇专门论述法律职业的论文中,帕森斯认为司法权在某种意义上同时体现了社会的特性与国家的特性,乃两者之间的一种混合。

如果我们将近代早期绝对主义国家的扩张逻辑,看作政治性的国家权力借助于"理性官僚制"的新装置不断地向社会基层渗透,攫取社会资源,摧毁社会内在的运作机理,形成由"高高在上的主权者"与"一盘散沙的诸原子化个人"所组成的国家共同体的话,那么英格兰普通法的发展史,更像是社会性权力不断地"逆生长",向国家内部渗透,并逐渐改造国家内部的组织原则与结构的过程。英格兰宪政史,就是这样一部社会性权力向国家内部渗透的历史,其最具象征化意义的高潮,就是以议会代替国王,成为整个国家的最高主权象征。对于主权理论来说,议会主权就是一个由悖论构成的主权理论——一直作为主权之照看对象的被统治者,最后成了主权者本身。

恰恰由于英格兰政体的此种去政治化的"逆生长"的特征,所以英格兰政体的成败得失,就很难用绝对主义国家的支配逻辑来理解。这也可以解释英格兰历史中,对内"征税"以支持对外争霸战争的过程中所遭遇的种种挫败。站在绝对主义国家角度看,能否摧毁各种社会的自组织结构,从而依靠绝对主义国家所掌握的暴力以及理性官僚制的效率,成功地消灭掉各种有可能抵抗绝对主义国家君主的社会性权力,最大限度地从社会榨取资源,是衡量绝对主义国家建设成败的关键。

如果用这个标准来衡量英格兰政体的话,那么英格兰普通法政体就是失败的。在相当长的时间内,英格兰君主就是因为无法成功地完成此种榨取式的征税目标，而不得不将法兰西和诺曼底的诸多土地权利拱手相让的。但反过来说，经由社会渗透而塑造的新的宪政国家类型，其功能也并非仅仅是捍卫个人的自由。在某种意义上，通过对政治性权力的驯化，在绝对主义国家中只能由理性官僚制运用支配性力量才能够做到的事情，在英格兰政制中，却可以通过社会机制的创新，与社会诸职业之间的合作来更高效地完成。这也就是为什么英国革命成功之后，英格兰能够创造性地通过金融机制的创新，通过英格兰银行发行政府国债的方式来筹集军费，从而根本性地解决了绝对主义君主几百年都没有完成的任务。这既是英美政体中，军火通常不是由低效率的国营军火供应商特供，而是由民间的私人军火供应商提供，却又能够保障军火供应的高效、安全的根本原因，也是英美政体中，只要能够交给社会做的事情，国家从来不愿意插手的根本原因。

有一点是毫无疑问的，即理性官僚制的支配和压制特征，是一种自上而下的专业化过程，是近代早期西欧大陆的争霸所产生的历史效果。安德森曾经非常详细地描述了德国的官僚制发展的历史过程，以及它与波兰、奥地利、法国等无法建立起一套理性化的官僚机构的国家，或者其他难以实现如此彻底理性化的官僚机构的国家相比所拥有的优势。[1]

很显然，欧洲大陆绝对主义国家兴起的历史过程，与这样一种理性官僚制的发展过程是内在一致的。这种理性官僚制逻辑发展的顶

1　让安德森不明白的是，英国以普通法为基础建构起来的这样一套宪政机制，其自上而下的支配性是如此之弱，但居然并不弱于德国的这套理性化的官僚机制，甚至比它更有力量和活力。参见［英］佩里・安德森《绝对主义国家的系谱》。

峰，是德国的理性官僚制。相对于德国的理性官僚制，法国、西班牙、瑞典、奥地利、俄罗斯、波兰的理性官僚制都是发育不完全的。而韦伯恰恰就生活在德国的理性官僚制在铁血宰相俾斯麦领导下发展到其顶峰的阶段。韦伯对理性官僚制的印象，不可谓不深刻。

与理性官僚制发展脉络相对应的，还有另外一个过程，就是中世纪行会的衰落过程。涂尔干曾经非常敏锐地注意到中世纪行会所蕴含的秩序和理性。在西欧，唯一没有随着现代主权国家的兴起而衰落的中世纪行会，就是英国的行会，其中最重要的就是法律行会。虽然法律行会的根据地和大本营“律师会馆”，在现代大学教育体系的冲击下，最终衰落和消亡了，但法律行会成功地改造了大学教育体制，在整个现代大学教育体系下，塑造了独树一帜的普通法性质的“法学院”。

中世纪行会的现代继承者，就是现代西方的各种职业，例如法律职业、医药职业、建筑职业等。在职业（Profession）和理性官僚制之间，存在着许多貌合神离的相似点与差异[1]，正好对应着英格兰普通

1　例如，理性官僚制的效率，是通过牺牲人的个性来实现的，其做法就是将人单面化——需要完成的工作，首先被根据某些单一标准而切割成不同的小任务，每个人都根据特定工作要求，而被训练某一方面的能力，形成一种单一理性，然后被“普遍化”，从而形成一种特殊的“效率”。这样一种工作程序，典型形象，就是富士康的工厂中工作的工人。采用理性官僚制模式管理的工厂中的工人，与采用理性官僚制模式管理的军队中的士兵，其实是同一类人。通过机械性的劳动分工形成的局部知识积累和配合形成的效率，其缺陷是压抑人的创造性和主动性。在这样一种理性化的过程中，人的全面性和丰富性逐渐被压榨掉，最后只剩下一种局部和片面的工具价值。但是职业共同体中的专业化，呈现出来的却是完全不同的一种面貌。例如，医疗职业共同体中，经受过高等教育的医生，虽然在专业的层面上似乎是单面化的理性，但医生在整个职业共同体中却有较强的参与性，能够通过一些专业化的刊物、专业协会、会议不断地交流各自的医疗经验，分享和推动医疗技术的发展和进步，并且通过职业化的组织机构和职业伦理形成互相监督。

法与德国理性官僚制之间的貌合神离。[1] 而这两种貌合神离，恰恰蕴含着英格兰普通法与英格兰政体之独特性的奥秘。

因此，英格兰普通法的运作逻辑，与韦伯的理性官僚制的运行逻辑，是两种完全不同的逻辑，同时也无法通过韦伯基于德国理性官僚制经验概括和提炼而成的四组理性化概念而得到描述与理解。也就是说，英格兰普通法完全能够胜任德国理性官僚制的工作，甚至比它更加有效率、更加"切事化"，却是按照一种完全不同的逻辑运作着。如此一来，按照西欧大陆理性官僚化经验而来的西欧大陆主权国家的经验来理解现代性，理解英格兰政体，理解英国革命，就难免会出现根本性的问题。

英格兰普通法代表了一种全新的社会运作机制，一种人类历史上从未有过的社会结构的经验与可能性。因此，一切人类的既有经验，以及依赖这些经验所提炼出来的概念与体系，都不足以描述和揭示这种全新的社会运作机制，以及社会生活经验。[2]

1　相较于韦伯基于德国理性官僚制经验所形成的这种专业性观念，英国普通法的经验却提供了另外一种专业性的概念。这种专业性并非是支配性的，这种专业性通过程序性的设置，是参与性的性格。英格兰普通法的专业性，首先就是一种关于法庭程序的知识。关于法庭程序的知识，比实体法的知识更加重要和有用。而实体法的知识则不是自上而下的命令，而是通过这种程序设置发现出来的习惯性规则（对应于罗马法的Ius）。因此，这样一种实体法知识，最终也是通过一个参与性的过程被发现和塑造的。这样一种知识塑造的过程，就决定了这种知识具有一种客观的性质，尤其是对自上而下的恣意的命令而言。

2　一个更加深刻却也是更难以测量和回答的是——由全新社会运作机制所带来的人类生活方式的系统改变，是否同时也改变了千百年来亘古不变的人性，从而从根本上改变了古典世界那些奠基性作家诸如柏拉图、亚里士多德、奥古斯丁相关著作的有效性？

第五章

英格兰政体的两重性

本书关注的核心是英格兰政体的特殊性与普遍性问题,就其特殊性而言,我们关注的是英格兰政体与欧洲大陆绝对主义国家之间的差异问题;就其普遍性而言,我们关注的是英格兰政体对整个现代世界而言的普遍性意义。无论是普遍性还是特殊性,在英格兰政体的塑造过程中,英格兰普通法都起到了一种关键的作用。迄今为止对英格兰政体的研究,更多的是关注议会制对英格兰政体的塑造作用,利用亚里士多德的混合政体理论来理解英格兰政体,将英格兰政体概括为一种"混合宪政"。这当然很难说是错误的。但这样一种混合政体仍然很难令我们满意,因为它过于古典,过多停留在中世纪的话语与实践中,很难看到英格兰宪政的革命性与现代性。

与此相反,本书更重视英格兰普通法对英格兰政体的塑造作用,认为英格兰普通法对英格兰政体之性格的影响相当重要,甚至更深于英格兰议会。虽然英格兰议会后来居上,在英格兰政体中占据了更为显耀的地位，但哪怕是英格兰议会的塑造，也是深受英格兰普通法之影响的。英格兰普通法对英格兰政体影响之深之广，是罕见的。

为了更清晰地说明这个问题，我们从英格兰普通法的起源来了解英格兰普通法与英格兰政体的逻辑与性格。经过长达三章内容的探索，我们对英格兰普通法的性格及其对英格兰政体的影响，已经有了初步的领悟与体会。如果说，自亨利二世司法改革，一直到都铎王朝的成立，这长达几百年的时间，是英格兰政体之基本逻辑与性格的形成时期，那么从都铎王朝到斯图亚特王朝前期几代人试图在英格兰建立绝对主义国家的尝试，则是英格兰普通法与英格兰政体的考验期与蜕变期。这一时期对于我们理解英格兰普通法与英格兰政体之性格尤其重要，因为它提供了两种不同的政体逻辑的直接和正面相遇的难得机遇，也使得我们能够更加清晰地看清英格兰普通法宪政逻辑的真正含义及其坚韧的生命力。

在上一章中，我们提出了这个问题，并且在此问题意识的指引下，在“心”和“身”两个层面上对英格兰政体与欧洲大陆之绝对主义国家政体进行了初步的比较，并指出在“心”的层面，绝对主义国家的逻辑是“主权绝对”，而英格兰普通法宪政则是“有限主权”，而在“身”的层面，欧陆绝对主义国家是理性官僚制，在英格兰政体中，与此对应的则是普通法。[1]因此，在上一章，我们对官僚制理性与普通法

1　光荣革命后，英格兰政体进一步发展，由平民院发展而来的下级议院逐渐取代英格兰君主，成了英格兰实质的主权者。到了19世纪，在戴雪等宪法学家的努力下，议会主权正式被确认为英格兰宪政的基本原则。即便如此，议会的主权仍然受到普通法顽强的限制，因为议会虽然有权制定和修改法律，但法律的解释权归负责法律适应的法官，这意味着，议会制定的法律最终的含义，仍然是由普通法法官来决定的。另外，主权者不能干涉司法独立，这一普通法宪政的核心内容，仍然是英格兰政体的核心原则。

理性，进行了集中而系统的比较与分析，比较清晰地看到了二者的根本区别之所在。

即便如此，由于篇幅的限制，我们仍然停留在黑尔回应霍布斯的层次，因而并没有说清楚普通法理性对英格兰政体建构的实质性影响为何。而这恰恰是本书希望考察的最核心问题。下面，我们就正式进入这个问题。

一、国家的社会化与社会的国家化

如果说，绝对主义国家的支配逻辑所带来的一个必然后果是“社会的国家化”，即国家通过理性官僚制的扩张，越来越深和越来越广地侵入到全社会的肌体之中，从而形成对社会的侵略和吞并的话，那么英格兰政体的普通法理性所带来的便是相反的后果，即社会领域越来越深地卷入到国家事务之中——许多在绝对主义国家逻辑看来必须由理性官僚制完成的工作，最后都神奇地由整个社会性的合作体制完成了，并且完成得更好，更有效率。这是绝对主义国家逻辑很难理解的地方。

我们不妨先举个例子来说明这一点。最明显的例子，当然是征税的问题。就英格兰宪政史而言，征税是头等大事。约翰王统治时期的大起义，以及起义成功后逼迫约翰王签订的《大宪章》，其中的关键问题都是税收。征税问题是牵涉两头的大事——一方面，征税的问题往往联系到对外的战争，例如，约翰王统治时期，英格兰与法兰西两个王国之间争夺诺曼底的战争；另外一方面，征税问题又必然涉及国内公民或臣民的自由问题。对国王随意征税权力的限制，就是对国王之权威性的限制。自《大宪章》确立了此种限制以来，“有限君权”就构成了英格兰政体的核心特征。

17 世纪，在欧洲大陆发生了影响深远的三十年战争——作为这场战争的结果，1648 年签订的《威斯特法利亚和约》奠定了此后整个现代世界秩序的基本框架。英格兰虽然也踊跃参与，但终因军费筹集的问题，难以在三十年战争中有大的作为，只能在后面暗中支持。

1688 年英国光荣革命后，荷兰国王威廉三世成为英国国王，使得英国卷入了长期的对法战争。尽管君主立宪体制在征税方面的效率要远远高于太阳王路易十四治下的法国，但庞大的军费开支仍然让英王捉襟见肘。为了筹借军费，英国政府发明了借贷国债的方法，并且在 1694 年英格兰银行成立后具备了稳固的制度基础。英格兰银行向英国政府贷出 120 万镑，政府则用税收做抵押，每年付给英格兰银行 8%的利息，并且允许英格兰银行发行货币。英格兰银行发行的货币的性质是银行券，这是从金属货币向纸币转换的第一步，使得市面流行的货币多于实际的黄金储备，增加了市场货币的流通量，也大大刺激了工商业的发展。

1872 年，英格兰银行开始对其他银行负起在困难时提供资金支持即“最后贷款人”的责任，确立了“银行的银行”之地位。英国庞大的国际贸易体系给英国带来的大量黄金，以英格兰银行为基础的稳定的金融和信用体系，以及英国采用的金本位制的货币体系，使得英国逐渐成为世界的金融中心，英镑也成为世界性的通货。

至此，自约翰王时期的《大宪章》开启的围绕征税问题所展开的宪政博弈，才最终完成。通常的英格兰宪政史，看重的是对国王随意征税权力的限制，强调的是权力制约对于保障地方自由的重要性，但这仅仅是从消极的意义上来理解宪政问题。英格兰政体的重要性和启发性，并不仅仅是在消极意义上对个体自由和地方自治的保障，更在于它在积极的意义上增强了英格兰的"国家能力"，而这恰恰英格兰政体最令诸多后发国家羡慕的地方。

与征税问题有联系的另外一个例子更有说服力，那就是英国军工产业与欧洲大陆军工产业的对比。按照绝对主义国家的逻辑，军工产业关系到国际争霸的核心竞争力，"举国体制"是理想的形式。然而，英格兰的军工体制却是市场化和自由化的，关涉国家核心竞争力的武器生产，主要是通过民间采购的方式来实现。由于民间军工企业更关注市场，更关注"客户"的"使用体验"与"需求"，因此更有动力进行技术创新，推动武器研发与生产流程的改进。另外，私人军火商不但可以把武器卖给本国的军火商，同时也可以在整个国际市场售卖武器，市场渠道就比国营的武器生产商要广阔，因此更容易保障和获取利润。

两个例子都表明，英格兰政体内部运作的逻辑，与绝对主义国家的那种权力支配逻辑，是有着实质性差异的。甚至市面上流行的"市民社会"的理论，也不能解释英格兰政体运作的逻辑，因为市民社会理论，仅仅停留在强调对国家权力的限制，以及对社会自治的消极保护。但英格兰政体的独特之处在于，并非仅仅是用绳子将"利维坦"怪兽捆绑起来进行消极的自我保护，而是在于，这个社会的规则已经被内化到利维坦的身体之中了。从外面来看，这个庞然怪物有着怪兽的外貌和能力,并且从国际竞争的角度看,它确实就是名副其实的“利维坦”怪兽。但是一旦我们深入到这个“利维坦”怪兽的身体内部,我们就会发现,它的身体内部结构及其运作,和我们所熟悉的利维坦的内部构造及其运作,是有实质不同的——原来社会的规则和机制,已经反向地侵入到利维坦的身体之中,利维坦本身就是按照社会的规则来运转的。

英格兰政体的这种“国家的社会化”特征,与英格兰普通法对于英格兰政体的塑造,是分不开的。相对于理性官僚制,英格兰普通法的一个重要特征,就是通过程序性的参与,而非强制性的支配,来实现政府的日常管理功能。例如,在普通法创立之初,通过设立陪审团制度,普通法发挥了乡镇共同体中绅士的积极性和创造性,并且天才地将这种因素内置在国家体制之中,将其作为国家体制的一种内部动力,来推动国家体制的创新和进步。又例如,通过令状制度,赋予了在地方法庭和封建法庭中遭受不公正审判的失意者们以新的公正审判机会,同时也为普通法的扩张和成长创造了重要的机会。正如我们在本书开头几章所提示的,普通法与英格兰政体的建构几乎是同步开始的,并且英格兰“国家”的主要日常功能,多数是通过普通法来实现的。因此,英格兰政体的“国家社会化”的特征,早在亨利二世改革时期,便已初露端倪。

二、英格兰普通法与现代政体的抽象化

英格兰政体对“自由”的保障,已经是远近共知的常识了。在追

寻英格兰政体的自由根源时,我们甚至追溯到了生活在中世纪丛林中的早期日耳曼部落共同体。我们发现,对乡镇小型共同体那种“空间聚合感”中活生生的自由精神的包容和内化,是英美自由政体的根本。但这仍然回答不了一个明显的难题,即这种具有“空间聚合感”的地方小共同体,又是极度脆弱的。例如,在韦伯的《支配社会学》中,就将小型共同体看作一种脆弱的共同体类型,且仅仅是人类政治共同体历史发展的初级阶段。它不但抵御不了近代早期的绝对主义国家的强权铁掌,甚至也无法抵御中世纪封建社会的侵袭。于向东在关于《论美国的民主》中乡镇自治问题的对谈中,也对日益强大的资本主义抽象体制给此种乡镇自治精神带来的破坏感到深度的忧虑。[1] 的确,在资本主义体系不断推进的全球扩展过程中,越来越多的传统地方性社区,例如撒南非洲的地方性社区、中国的乡村社会,其原有的经济、政治和文化生态系统被外来的资本主义抽象机制所破坏和替代。

同时,通过对东欧、中国等传统的农业社会之村社共同体的历史考察,以及对非洲、太平洋等地区一些迄今仍然处于原始社会阶段的许多地方性共同体的人类学考察,我们发现这些地方性的村社共同体,与托克维尔所描述的英美世界的乡镇自治共同体,在结构和形态上是很不一致的。例如,在《法律社会学》中,韦伯就非常细致地刻画了以家族为核心所建立的地方性伦理共同体的内部结构性特征。经过一番细致描画和考察,韦伯指出,根据此种秩序的内在逻辑发展而

1　参见于向东、刘苏里《美利坚的政治基础》,载《Soho 小报》2009 年 12 月。

来的政治支配形式，必然带有家父长制和家产官僚制的性格。[1] 而此种性格，与法治的性格是有些格格不入的。法治秩序必然发生在对以家族为单位的地方性共同体秩序的超越和克服之后，更恰当地说，一般只有在两个平等、力量相当的且相对异质的家族共同体之间，才能够形成客观和中立的法治秩序。

因此，仅仅对"空间聚合感"之于自由精神的重要性有所领悟还是不够的，更重要的是，要认识到如何保护和维持这种"空间聚合感"下的自由精神。托克维尔所考察的美国乡镇自治精神，之所以拥有以此种"空间聚合感"为心理学基础的自由精神，除"空间聚合"这个客观要素之外还有一个重要前提——此种空间高度聚合下的人群是由自由、独立的个人组成的人群。其中，自由不但包括积极参与共同体事务的积极自由，同时也包括在不同共同体之间自由流动的人身自由。在英格兰的语境中，这意味着对中世纪封建人身关系的突破。

马克思曾经将东欧农村的村社共同体看作地方性的村社共同体的典型形态，将其普遍化，对此后的历史学与社会学产生了较大的影响，从而使得很大一段时间内，历史学家和社会学都深信在 15 世纪到 18 世纪，英格兰社会曾经经历了一次根本性的社会大转型——英格兰基层农村地区从一个静态的、集体主义的中世纪农村，转变为动态的、个人主义的工商社会。韦伯、波兰尼等社会理论家无不受马克思的这种判断的影响。但晚近的历史研究已经揭示出，英格兰基层的村社共同体，早在 14 世纪晚期，即已经转变成带有强烈个人主义

1　参见［英］韦伯《法律社会学》，第 39—61 页；

色彩的、富有极强流动性的资本主义工商社会。[1]

例如,通过对英格兰中世纪的遗产继承制度与东欧农村地区遗产继承制度的比较,麦克法兰发现,东欧农村地区的遗产继承是家族制的,即遗产不是仅在儿子之间进行所有权的分配,而是由子女共同继承财产(主要是土地等不动产)的所有权,但在儿子之间进行使用权的分配。这样就确保了财产的公有制,同时也使得财产的交易基本成为不可能。但在英国施行的是长子继承制,财产由长子继承,其他儿子则不能继承财产,于是被迫离开家乡,另谋生路。这大大促进了农村地区人口的流动,也明确了财产权利的归属问题,从而使得土地等不动产的流转和交易成为可能。[2]

英格兰乡镇共同体既保持"空间聚合感"的基层民主形式,同时又是一个个人主义式的具有高度流动性的乡镇共同体。这是它与历史上多数地区之基层乡镇共同体的本质性差异。而此种本质性差异产生的核心原因,即在于诺曼王朝和金雀花王朝形成的三种势力的平衡,给了英格兰普通法以千载难逢的成长机会。英格兰普通法一旦成长,便将此一时期英格兰整个宪政机制长期稳定化,既改造了基层的乡镇共同体,又保护了基层的乡镇共同体。改造的是乡镇共同体以血缘为关系的家族共同体结构,保护的是乡镇共同体的基层自治的积极民主的精神,以及"空间聚合"下个人对公共事务的关切和敏感。普通法的此种中间性状态,以及对两端之力量、基层民主之力量与王室政府力量的吸收,使得基层与王室征服虽针锋相对,却都不

---

1 相关论述,参见[英]麦克法兰《英国个人主义的起源》,管可秾译,商务印书馆,2008年。
2 参见[英]麦克法兰《英国个人主义的起源》。

得不借助于普通法的力量,通过某种合法的方式来主张各自的权力。普通法的出现及其茁壮生长,使得君主与臣民之间的支配结构发生了微妙但重要的变化。君主与臣民之间,并非直接的支配与被支配的关系,而是以一种抽象的普通法系统为中介形成的支配和被支配的关系。在缺乏此种抽象机制的情况下,臣民是无法对抗君主的,但因为有了这套抽象的机制,臣民就像借助于一套带支点的杠杆一样,具有了对抗君主的可能性。也就是说,当君主希望运用自身恣意且绝对的权力来支配臣民时,他不但要面对臣民个人具体可见的反抗力,还必须面对抽象机制的(这也意味着相对不可见却又能够被实际感受得到的)反抗力。地方性的乡镇共同体那微薄却又无限可贵的自由火种,就是在这样一套抽象机制的保护下,才延续下来并且传播到了美国,点燃了美国乡镇自治的烈火,最终形成了美国宪政的基础。

恰恰是在这个问题上,目前几乎所有的理论思考,都是误导性的,其中最具有误导性的是滕尼斯所提出的“共同体”与“社会”两种理想类型的比较。共同体与社会之间的类型学比较,对于我们认识现代社会的抽象体制与小共同体之间的实质性差异,是很有帮助的。然而,这样一种比较,很容易让人形成一种印象,即恰恰是“社会”的抽象机制破坏和颠覆了小共同体的秩序。由此而来的是对待现代抽象社会机制的一种复杂的情感:既对现代抽象社会机制所取得的成就感到骄傲和自豪,同时也对这种抽象社会机制感到害怕与担忧。从共同体向现代社会的过渡与转化是如何可能的,以及如何在规范和价值层面评价此种由共同体向社会的过渡过程,就构成了现代社会理论最核心的问题。现代社会学的三大奠基人即马克思、涂尔干、韦伯，无不聚焦于此问题。其中，最有名的就是韦伯基于对德国理性官僚制观察而作出的著名的“理性铁笼”的悲叹。[1]

然而，如果本文关于英格兰普通法的描述和理解是正确的，则英格兰普通法为我们提供了理解现代社会之抽象机制的另外一种思路和态度，一种更加积极和正面的思路和态度。实际上，恰恰是英格兰普通法宪政机制的这种抽象性，为此后英格兰宪政的最终成熟，甚至英格兰的资本主义和工业革命的发生，准备了基本条件。

三、英格兰普通法与主权决断问题

现代绝对主义国家的一个核心理论基础，就是对主权性决断的信仰。近代早期绝对主义国家的出现，催生了主权理论的成熟。在英格兰国族建构的过程中，霍布斯的主权理论的出现是政治思想史的大事件，根本性地改变了英格兰政治思想史的基本走向。从此，主权论与宪政论就构成了英格兰政治思想史的两大基本理论阵营，而普通法宪政则逐渐被冷落，失去了对英格兰政治思想史的支配性地位。以洛克为代表的宪政派，接过普通法宪政理论的基本立场——主权者的恣意权力必须被限制，政府的正当性必须以承认和保护个人的自由权利为基础。这其实是以一种全新的政治哲学语言，转录

1　涂尔干是个例外，通过对共同体的“机械团结”与现代社会的“有机团结”的对比，涂尔干看到了现代社会抽象社会机制的积极面向，而涂尔干—帕森斯—卢曼对现代社会抽象机制积极面向的阐发，也是本文写作的重要灵感来源和基础。

和改编了普通法宪政长达几百年的故事精髓，但普通法宪政的叙事结构和语言都被放弃了。

然而，霍布斯针对柯克之技艺理性概念所提出的那个尖锐问题，仍然没有消失，成了洛克版的宪政理论必须继承的遗产。霍布斯对普通法宪政的最大批评，就是它忽略了“主权者”存在之必要性的问题。主权者之所以有其存在之必要，乃是因为任何政治共同体，要维持自身秩序之安全与稳定，都必须有一个终局决断者。无论是为了应付外部重大危机之需要，还是为了解决内部重大的分歧，都需要这样一个终局决断者。而一旦这个终局决断者的存在成为必要，则由此倒推，这个终局决断者就必须拥有绝对的、不受任何限制的决断性权力。这就是主权理论的精髓之所在。对这个问题含糊不清、缺乏思考和回应的能力，被看作自由主义最根本的内在缺陷。

如果看不到英格兰普通法宪政作为一种抽象机制的根本特征，仅仅在技艺理性的层面来处理霍布斯的问题，确实是很难回应霍布斯的挑战。但是，如果我们接受对英格兰普通法的这种解释，那么从主权决断论的角度对普通法宪政提出的这种批评，也并非是无法回应的。

这里的关键，就是如何理解决断的概念。正如施米特后来基于司法裁判经验所指出的，决断的概念与司法裁判中经常出现的“例外情况”的不可避免性息息相关。法治意味着规则的至高无上性。以柯克为代表的普通法法律人一直坚持“王在法下”传统，因为如果法律的权威来自国王，则国王便可以运用自己的权威随意打破规则，从而破坏普通法的统一性与稳定性。但如果国王的权威来自法律，则国王也必须遵守普通法的规则。就这一层面的斗争而言,普通法取得了胜利。

但是,霍布斯指出了人类理性的个体性,认为在缺乏权威的情况下,由于个体理性之间的分歧,导致无法形成有效的终局性决断,这将最终导致秩序混乱。施米特则进一步指出,霍布斯所指出的此种理性分歧情况,只能出现在例外情况中。这意味着,在多数情况中,人类理性能够达成一致从而形成常规化的规则;但在一些疑难情况下,此种个人理性之间的分歧仍然难以避免。此时,形成诸个人理性之间的一致,注定是不可能的,因此决断的正确性并不是最重要的,最重要的是必须有人具备足够的权威性,从而在不可决断的情况下作出决断。

依据这种思路,普通法宪政对君主权力的限制,就是一厢情愿的,甚至是有害的。君主必须保留绝对的、不受任何限制的权力,否则在极端危险的例外状况下,国家的安全和秩序的稳定就会遭受根本性的重创。美国"9·11事件"后,围绕着法治与例外状态下的主权决断问题的讨论,又再次被提出来,成为政治学、宪法学与法理学领域讨论的重点,霍布斯与施米特的幽灵,也再次被唤醒了。

如果我们仔细观察普通法的裁判机制,便可以发现,普通法机制的内在结构和运作逻辑,其实已经蕴含了对霍布斯与施米特决断论问题的回应与解决。首先,对普通法机制来说,决断不可避免,这一点是被承认的。这体现在普通法的类比推理之中。就法律推理层面而言,与欧洲大陆的成文法解释传统不同,普通法的法律推理是一种判例法推理。因此,裁判案件的关键,并不仅仅是机械地套用规则,而是必须比较判例与手头处理案件的相似性,并就二者是否属于实质性相似作出最后判断。这种结构和机制,实际上就是为例外情况的出现预留了可能性空间。由于任何案例之间都不可能是绝对一致的,因此判断先例与在审案例之间的实质性相似问题,就是一个不可避免的决断。

所谓的决断,就是对不可决断之事作出决断。所以,要作出决断,就必须有一个前提,即存在不同选择的可能性。假如缺乏多种选择的可能性,只有唯一选择,即"必须如此",那也就无所谓决断了。所以决断论预备了决断者的意志选择自由,转换成法理学的语言,这就叫"自由裁量权"。同时,如果虽然有多种选择,但通过理性的分析,可以帮助我们作出理性和正确的选择,那也不叫决断——那只是按图索骥。

这确实是一个悖论。当你在多种选择的可能性面前变得无从选择,决断的时刻就开始了。由于承认人类语言的模糊性、人类理性的有限性,普通法承认在司法裁判的过程中,决断是不可避免的。只是,普通法并没有将此种"决断"权威赋予某个具体的法官,让他成为终局性的决断者。对普通法来说,虽然每次都是某个具体的法官亲手作出某个具体的决断,但真正作出这个决断的,并非这个具体的法官,而是抽象的普通法机制。这又从何讲起呢?

这是因为,虽然法官在任何一个个案中,都必须作出一个决断,即他必须在多种选择的可能性中选择一种,但当他作出这种考虑时,他并非是毫无顾虑、随心所欲的。首先,当他作出这种选择时,他必须考虑到他所作出的决断,与此前先例的一致性问题。当他在进行这种一致性比较时,他已经排除了某些可能性,加重了另外几种可能性。如此,决断的范围就受到了限制。其次,他也明白,他所作出的决断,即在某几种可选可能性范围之中选择其中一种可能性,同时也构成了此后案件的"先例",从而预先也受到了未来将出现之决断的预先限制。而此种决断一旦作出,它也就使得此种决断所面临的"不可能性"趋于消失,从而也缩小了未来出现的决断的选择可能性——而未来出现的决断,一定是此刻决断时所不曾预想到的新的决断困境。

所以,决断从来不是完全恣意的,它总是在某些特定的环境和限制中的决断,同时,决断也从来不是唯一的——仅仅只有一个决断者。在普通法宪政体系中,每一个法官在各自的问题语境中,都是决断者。甚至,任何个人在承担各自的责任时,都是决断者,都必须承担决断的任务和责任。作为决断者的君主,也仅仅是众多决断者的其中之一,虽然相对其他决断者来说比较令人瞩目,并且其决断后果大得多。也正因此,普通法宪政下的个人,个个都是决断者,个个都是政治家,因此个个都具有政治经验和政治智慧。这也是为何英美世界中,在任何关键时刻,都会出现需要的英雄人物拯救国家于危机之中。就像凯恩斯,昨天还是文质彬彬的教授,今天就是奠定战后布莱顿森林体系的谈判专家和政治设计师。

四、英格兰政体的两重性

我们发现英格兰宪政体制的一个奇异之处:就其对外主权的面

向而言，它完全符合以主权国家为单位的现代国际法秩序，但就其内部体制而言，它迥异于当时最典型和标准意义的主权国家。这使得当时西欧大陆多数国家，在面对英格兰政体时，既感熟悉，又倍觉陌生。英格兰帝国既内在于威斯特法利亚秩序之内，又与整个西欧大陆的政治文化保持一种守望的距离，宛如英格兰岛与西欧大陆之间的关系一样。

当然，英格兰并不仅仅是消极被动地承认和参与西欧大陆诸绝对主义国家之间的主权逻辑和争霸逻辑，它还改造这个逻辑。《威斯特法利亚和约》是西欧大陆新生的绝对主义国家争霸逻辑的产物，或者说，主权的逻辑乃争霸逻辑的延伸。因为绝对主义国家之间的竞争是一种军事竞争，这种竞争的后果是对土地和人口的直接剥夺。英格兰也参与到三十年战争的游戏之中，并且乐此不疲，大英"日不落帝国"的辉煌事业，就是英格兰参与这个游戏的丰厚回报。

但英格兰对这种争霸逻辑也进行了暗中的破坏和改造。对英格兰来说，比枪炮更有力量的是英格兰内部不断扩展的经济秩序、工业力量和金融秩序。所以英格兰参与欧洲大陆军事争霸的游戏时，目标并不仅仅是为了获得土地和人口，而且是非生产性地直接掠夺财富。英格兰对这个古老游戏的兴趣，远不如他们对原材料市场和产品销售市场的兴趣来得更大。

当西欧大陆参与争霸的各国明白这一点时，披着民族国家外衣的英格兰的宪政体制，早已经茁壮成长，几乎颠覆了整个欧洲大陆的旧秩序。绝对主义国家一个又一个地被这个发源于英国的新秩序所颠覆，为了应对来自英格兰的挑战，全新的体制被发明和创造出来。

西欧大陆绝对主义国家的政治家和理论家们,一半是通过研究英格兰宪政体制的逻辑,一半是通过对既有的绝对主义国家统治经验的继承和发扬,相继完成了国家政体的改造和统治逻辑的更新。虽然说,相对于非洲的部落社会,西欧的绝对主义国家政体在转型的过程中更有机会转变和应对,但绝对主义国家统治的经验,也构成了他们观察和理解英格兰政体奥秘的一种强大的偏见和前理解,阻碍了对英格兰政体逻辑的理解。

如果我们摆脱发源于西欧大陆绝对主义国家经验的那种流行的民族国家的政体逻辑的约束,来观察英格兰政体的特性,尤其是通过对英格兰普通法宪政逻辑的考察来理解英格兰政体的特性,就不难发现英格兰政体的一个特点——英格兰宪政并非通常所理解的国家与社会的二元分离,恰恰相反,是社会内化于国家政体的建构之中。如果说绝对主义国家的治理逻辑是国家对社会的吞噬,那么英格兰宪政的奇妙之处,恰恰在于国家是通过社会的方式被建构的。国家并非外在于社会之中,而是构成了社会的一个部分。因此,我们很难发现在社会之外,还有一个高高在上、统辖一切的作为主权象征的君主。当马克思通过观察英格兰政体而发现"经济基础决定上层建筑"的道理时,我相信他也一定是看到了英格兰政体的这种奇妙的特点。只是他用以表述这个特点所调动的生活经验和语言,制约了他的想象力,以及对问题实质的理解和把握。

当我们说社会内化于国家之中时,其含义是,你很难区分出国家体制运作逻辑与社会机制运作逻辑。国家体制将社会机制内化于自身的结构和运作之中,从而也就根本上解决了基层民主与自由权利的问题。如此一来，普通法宪政的英国与绝对主义国家的欧陆诸强国之间的区别很快就显现出来了。英国的普通法机制是高度参与性的，并且是自下而上与自上而下两个方向的运动同时进行的，因此英国民众对政府的认同度与参与感，要远高于欧陆诸绝对主义强国。所以，丝毫不奇怪，英国是最早转变为现代民族主义国家并且发挥其民族主义威力的国家。欧洲大陆的绝对主义国家虽然在争霸战争中边干边学，不同程度地掌握了理性官僚制的技术，消灭了中间阶层，形成了霍布斯意义的一个超级利维坦面对诸多原子化个人的局面，但个人更多地感受到被支配。于是，绝对主义国家之间的争霸斗争，更多地像是各王室之间，靠雇佣兵和强制兵役制来进行的竞技。[1]

进一步地，我们发现，英格兰普通法宪政的一个特点，就是主权的内部虚化与对外的不断强化。所谓主权的内部虚化，就是“主权者”在主权国家内部自上而下的支配和压制下，不断地被折冲、宪政化——本来恣意妄为、无拘无束的主权者不断地被某种抽象的机制驯化，变得温顺，甚至最后被这种抽象的机制同化和消化。在英格兰普通法宪政机制中，最后主权者越来越抽象化，越来越面目模糊，以至于习惯于将主权者与肉身化的国王等同为一的许多人，最后很难辨认出究竟谁才是真正的主权者。英格兰宪政发展史中，诺曼底登陆时，威廉一世应该可以被看作当之无愧的主权者，然后作为主权者

1　只有等到启蒙哲学家发现英格兰政体与民族主义的奥秘，通过启蒙运动建构起法兰西民族的精神“自由、平等、博爱”，并且通过这种抽象观念建构起了法兰西民族时，公民的热情被激发，法兰西像吃了兴奋剂似的，突然雄起于欧陆之上，打遍天下无敌手。后来德国也学了民族主义这一招，但稍微改了一下配方，加入了“民族怨恨”的成分，与绝对主义理性官僚制配合，居然在短期内效果也很明显，却非正道，故难持久。

的国王与肉身化国王初步分离,即形成“国王的双重躯体”,到最后“国王的双重躯体”的正式分离——主权者从国王转移到国会。这种发展逻辑最后在美国达到顶点——在美国式的三权分立体制中,国会、总统和最高法院似乎都是主权者,但似乎又都不是主权者。在这种情况下,任何单个的个体、机构,都很难被清晰地辨认为主权者,在不同的场合,他们似乎又都是主权者。主权者已经变成类似现代科幻片中所呈现出来的意象——一种足够抽象,却又足够智慧的程序机制。

但是,这种抽象机制,似乎并非如有文人情怀的真正哲学家韦伯,以及像霍克海默、福柯、哈贝马斯这样的现代西式文人所忧心忡忡地描述成的那样,成为吞噬人类最后一点自由的理性铁笼和怪兽。恰恰相反,正是这种抽象的机制,规制了绝对主义君主的恣意和贪欲,最大限度地捍卫着个人的自由。英美普通法宪政与欧洲大陆绝对主义理性官僚制,在 20 世纪的各自表现,以及两种主权国家内部人民的待遇,已经足以说明这个问题。

附　　录

I
“偏执”的普通法心智与英格兰宪政的奥秘

——读波考克《古老的宪法与封建法》

导论

对于中国宪法学研究者而言,这是一个最好的时代,也是一个最坏的时代。这个时代既构成了中国宪法学研究与发展的根本性制约,又是中国宪法学研究者引领一代风骚、青史留名的最好机遇。最近十多年来,中国宪法学的蓬勃发展,新见迭出,恰好也印证了这一点。

随着中国宪法学的日渐成熟,中国宪法学的理论研究隐隐然已经呈现出了两大基本的理论倾向和立场,即所谓的政治宪法学与规范宪法学。[1] 政治宪法学研究与规范宪法学研究之间的分歧,既关涉对当下中国宪政发展现实的判断和理解,同时也关涉"何谓宪法"这个根本性的问题。对于如何理解与判断中国宪政建设的现实状况和路径依赖问题,仁者见仁,智者见智,每个人的判断都来自各自的生活经验和洞察力,有时候很难在智识层面形成论辩,达成一致。但是对"何谓宪法"的问题,却是可以依据西方既有的宪政发展史和理论论辩资源进行一定程度的澄清。

实际上,中国语境的政治宪法学与规范宪法学两大流派之间围绕中国宪政建设性质与路径的争论,很大程度上都是以西方国家宪政史以及相关理论争论为背景进行的。例如,陈端洪与林来梵两位先生的争论,在很大程度上就是当年德国两位公法学大家施米特与凯尔森之间围绕德国宪政问题争论的余波,同时也是西耶斯制宪权理论的回响。[2] 这些理论争论很大程度上反映了欧陆宪法实践的经验和教训,以及宪法论辩的精神资源。因此,要理解和回应此类中国语境的宪法争论,就必须还原和处理历史上作为背景的西方宪政论辩。

除了欧陆宪政理论的资源,影响当下中国宪政论辩的另外一个也许更重要的理论资源,就是英美宪政史中所蕴含的丰富的宪政实践与理论论辩的资源。例如,陈端洪教授和高全喜教授主张的政治

1　需要指出的是,这种类型划分仅是为了论述的方便,仅能大致概括中国宪法学研究的理论旨趣和方法论立场,因为事实上许多被归入政治宪法学或规范宪法学阵营里的人,本身并不同意此一标签,同时即便是认同此一标签的人,相互之间的价值立场和具体观点,仍然有很大分歧。

2　参见戴雪《英宪精义》,雷宾南译,中国法制出版社 2001 年版。

宪法学,就受到美国宪法学者阿克曼教授《我们人民》中"宪法政治"理论的启发;强世功版本的政治宪法学强调宪法惯例的存在,在一定程度上显然受英国不成文宪法传统的影响。反过来说,以林来梵、张千帆、韩大元、张翔、黄卉等人为代表的规范宪法学主张的司法违宪审查权,更是受到英美普通法宪政的强烈影响。

在此意义上,有必要对英美普通法传统的宪政观进行一个深入而系统的清理和总结。鉴于最近十多年国内对美国宪政的历史、理论的介绍和分析已相当系统而深入,但对英格兰宪政史的研究相对少一些,因此本文拟将重点放到对英格兰普通法宪政的探讨中,希望能够为国内政治宪法学与规范宪法学之间的争论,提供一些背景信息和参考。

说到英格兰宪政,难免让人想起英格兰宪政机制与英格兰普通法之间的联系——在许多人看来,英格兰宪政就是一种普通法宪政。事实上,无论是国内的政治宪法学的主张者,还是规范宪法学的支持者,都可以从英格兰普通法宪政的历史中找到对自己有用的东西。一方面,国内有些政治宪法学的主张者和支持者,就是从英格兰宪政的不成文法传统中吸收灵感,然后类比到中国的语境中提出中国宪政的不成文法的特征。另外一方面,英格兰普通法宪政又是一种以司法为核心的宪政,注重对公民自由权利的保护,具有强烈的价值预设。同时,英格兰普通法强调司法独立与司法的专业化,又与国内规范宪法学的拥护者所主张的宪政观念,有着千丝万缕的联系。

英格兰普通法宪政与当代中国宪法论辩之间的这种隐秘而复杂的关联又如何理解?这种隐秘的关联表明,英格兰的普通法宪政内部,一定也存在着某种规范与现实之间的紧张关系,影响着中国宪法学研究者对“何谓宪法”这个问题的理解,从而也影响着中国宪法学的论辩甚至中国宪制建设的进程。反过来说,中国宪法学论辩新共识的达成,需要在“何谓宪法”等根本问题上形成更加清晰和准确的理解,而对英格兰普通法宪政内部紧张关系的剖析和了解,就是必要的帮助。

一、不成文宪法与普通法宪政

我们不妨以英格兰宪法的不成文性为起点切入到英格兰宪政的理解。关于成文宪法与不成文法宪法的分类,已经是宪法学中的常识了。戴雪可能是最早系统而集中地研究不成文宪法问题的理论家。仔细地阅读和考察戴雪的《英宪精义》便可以发现,《英宪精义》中对英格兰宪政的描述和理解有两点内容非常重要。首先,戴雪强调英格兰宪法的不成文性。这是对 1789 年美国宪法以来的成文宪法传统的一次回应。戴雪提出,与美国拥有正式和成文的宪法典不同,在英国,诸如王位继承法等宪法性文件也被看作宪法的组成部分,同时还有许多不成文的宪法惯例也被理解成英格兰宪法的内容。[1] 相对于成文宪法的国家,英格兰宪政的一个重要特点就是不存在制宪权的问题。“宪法”这个概念,成为一种特殊的法律概念,应该是美国宪法以后。例如,柯克虽然被看作普通法宪政的代表人物,但

1　[英]戴雪:《英宪精义》,第 101—108 页。

在柯克的论述中,我们几乎看不到柯克用这个概念来描述被后人概括成普通法宪政的目标和实践。[1] 又例如,稍早于美国立宪时刻的布莱克斯通在他的《英国法释义》中,也没有用 Constitution 这个概念来称呼如今通常被称为宪法的那些内容。[2] 因此,英格兰何以可能被称作一个宪政国家?"不成文宪法"的概念为我们提供了一个理解这个问题的工具。但尽管如此,这个问题仍然是含糊不清的。例如,"不成文宪法"中涉及的这个"宪法",与其词源学意义上的源出含义是否一致?也就是说,是否有一个宪法含义的"古今之变"?根据当时的宪法观,英格兰的不成文宪法,在何种意义上能够被承认是一种"宪法"?其次,《英宪精义》强调法治在英格兰宪法中的重要地位。据统计,《英宪精义》除第一部分总纲之外,总共分成三个部分,分别是"议会主权"、"法治"和"宪法与宪法惯例",约有 400 多页的内容,其中关于法治部分的论述就占了 240 页,而关于议会主权和宪法惯例的论述,总共加起来不过是 174 页,由此可见法治在英格兰宪政中所占据的地位。[3] 戴雪在《英宪精义》中关于法治的研究和论述,已然构成了现代西方法治理论的经典论述。[4] 关于法治,戴雪主要是通过英格兰普通法来理解的,强调的是人民的自由和权利,未经过英格兰普通法的审判不得被剥夺。恰恰是由于英格兰普通法的审判独

1 J.C.Holt, "The Ancient Constitution in the Medieval England", in Ellis Sandoz ed. *The Roots of Liberty: Magna Carta, Ancient Constitution, and the Anglo-American Tradition of Rule of Law*, Columbia: University of Missouri Press, 1993, p.32.

2 参见[美]塔玛纳哈《论法治——历史、政治和理论》,李桂林译,武汉大学出版社 2010 年版,第 89 页。

3 J.C.Holt, "The Ancient Constitution in the Medieval England", in Ellis Sandoz ed. *The Roots of Liberty: Magna Carta, Ancient Constitution, and the Anglo-American Tradition of Rule of Law*, p.4.

4 参见[美]塔玛纳哈《论法治——历史、政治和理论》,第 81—84 页。

立,才有英格兰宪政。[1] 如此,又出现了一个问题,那就是宪法与法治之间,关系究竟为何? 为何法治对宪法而言如此重要,以至于必须通过法治来理解宪法?

戴雪对英格兰宪法的不成文性,与他对英格兰普通法意义的法治(rule of law)的强调,对于我们理解英格兰宪政具有重大的启发意义。当代中国政治宪法学与规范宪法学的研究者,分别采纳了戴雪《英宪精义》两方面内容的其中一个方面,但戴雪眼里的英格兰宪政,恰恰是由两个方面共同组成的。也就是说,如果我们脱离法治的内涵而去讨论不成文宪法,很可能会丢失"宪法"这个概念的核心意义。

但这还不是问题的关键。戴雪本身是一位在普通法训练下成长起来的法律人,同时也是18世纪末19世纪初一代英格兰的宪法学家。这个时代的英格兰绅士与17世纪时期的英格兰绅士的心智结构相比,已经发生了实质性的变化。17世纪的英格兰人,其心智结构受英格兰普通法的心智结构影响甚巨,而到了18世纪,英格兰人的心智结构,不仅受到了欧洲大陆启蒙哲学的影响,且更多地受到了霍布斯、洛克等政治哲学家的塑造。边沁和奥斯汀等人,就是在这样一种智识的背景下成长起来的一代法学家和政治哲学家。与同时代的许多法律人一样,戴雪的心智结构,也无疑受到了18世纪末整个英格兰时代精神的深刻影响。这个时候的普通法律师,其法律思维已经高度实证化,因此对英格兰普通法规则之外的历史,已经不怎么感

---

1 J.C.Holt, "The Ancient Constitution in the Medieval England", in Ellis Sandoz ed. *The Roots of Liberty: Magna Carta, Ancient Constitution, and the Anglo-American Tradition of Rule of law*, pp. 231-245.

兴趣。虽然戴雪在成文的规则之外提出英格兰宪法,同时也包括宪法性的惯例,已经大大超出了边沁和奥斯汀学说的范围,但戴雪的初衷,仍然是确认法律适用的渊源。就此而言,戴雪对英格兰宪法的思考,仍然没有超出法律实证主义传统太远,后世的研究者也指出戴雪实际上仍是奥斯汀的最忠实信徒。[1] 因此,曾经影响数代人的普通法宪政观念,在戴雪的《英宪精义》中已经被改造成一种"法治"理论,以适应新时代的政治哲学,而普通法的"古老宪法",也不得不接受现代史学方法论的训练,在斯塔布斯和梅特兰那里变成了一种更具政治哲学意味的"英格兰宪政史"。

中国的规范宪法学和政治宪法学的争论,虽然对戴雪的英格兰宪法理论各取所需,并针锋相对,但在思维方式上,仍然没有超越戴雪的视野,甚至还略低于戴雪。例如,政治宪法学虽然借鉴了戴雪的"不成文宪法"观,但对"不成文"的惯例何以具有宪法地位,却不甚了了。最典型的例子是强世功的论述。为了论证宪法是可以不成文的,强世功采用词源学考证的进路分析 Constitution 的拉丁词根,以此驱逐宪法的规范性含义。[2] 但在戴雪的那个时代,Constitution 刚刚摆脱了"组织体"的本源含义,逐渐成为专有所指的法政词语。熟悉 Constitution 拉丁词根及其源出含义的戴雪,却丝毫不见此种以古讽今的意思。因此,戴雪的不成文宪法观中,"宪法"的规范意涵并未消失。戴雪"不成文宪法"的概念,针对的并非宪法的规范性,而是宪法

1 Richard A. Cosgrove, "The Culture of Academic Legal History: Lawyers' History and Historians' Law 1870-1930", 33 Cambrian L. Rev. 23 (2002), p.27.

2 强世功:《中国宪法中的不成文宪法——理解中国宪法的新视角》,载《开放时代》2009 年第 12 期。

的成文性。当然,当代中国语境中的强世功的不成文宪法观念与 19 世纪英格兰宪政语境中戴雪的不成文宪法观,二者的共同之处在于,两种不成文宪法都是一种既成事实。对于戴雪来说,英格兰的不成文的宪法性惯例,已然构成了英格兰宪政的实质组成部分,而学者和法律人要做的工作,就是破除观念的迷信,承认它。在某种意义上来说,强世功在当代中国语境中所做的工作,也是类似的。因此,就两种"不成文宪法"观念都是对既成现实的承认这一点而言,两者的思维方式是接近的,都是法律人在某个预设的前提下展开工作的思维范式。

同样的,中国的规范宪法学,继承的是戴雪的宪法价值观,即普通法意义上的法治以及法治保障下的公民个人自由权利。他们同样在这个确定的前提和观念下,展开自己的工作。

就此而言,戴雪的《英宪精义》中关于英格兰宪法的不成文性,以及关于英格兰宪法与以英格兰普通法为象征的英格兰法治传统之间的密切联系,虽然令人印象深刻,但它还不足以将英格兰宪法的不成文性的性质,以及隐藏在它背后的深层历史逻辑刻画出来。

很显然,要理解这个问题,就必须返回英格兰宪法发展的历史,尤其是英格兰现代政体形成的时期即 17 世纪英格兰革命前后的时期,必须了解这个时期英格兰政治的结构和政治思想的特征。

二、"古老的宪法"与偏执的"普通法心智"

说到英格兰普通法在17世纪英国革命中的重要影响,有一本著作就不得不提,那就是波考克的《古老的宪法与封建法》[1]。波考克是现代西方政治思想史中"共和学派"的主要代表人物之一,《古老的宪法与封建法》是根据他的博士论文修订而成的一本研究英国政治思想史的专著,也是波考克学者生涯早期最重要的代表作。这本著作的一个重要贡献,就是通过对16世纪都铎王朝时期经17世纪英国革命年代,直至18世纪光荣革命后长达三百多年的英国政治思想史的流变及其语境的细致梳理,指出至少在17世纪受过教育的英格兰上层绅士中,普遍拥有一种在现代史学家看来有些难以理解的奇特心智结构:认为英格兰具有一种从来不曾间断的通过普通法保护公民个人自由权利的宪政传统,这个传统从那个时代往前追溯,一直追溯到忏悔者爱德华统治的时代,追溯到传说中的亚瑟王时代,甚至追溯到传说中英格兰民族的起源,即迁徙到英格兰岛的特洛伊人,乃至于追溯到人类的始祖亚当那里。因此,英格兰绅士们对英格兰的历史拥有难以言表的骄傲,并且认为他们的自由权利同英格兰的历史一样久远,且不可侵犯。15世纪末的大法官福蒂斯丘、17世纪

1 汉语学界此前多把此书书名翻译为"古代宪法",这个译名是不准确的,是在没有细读此书内容下望文生义的译法。此处 Ancient Constitution,特指以柯克为代表的17世纪的"普通法心智"结构中的一个核心内容,即英格兰的宪法是古老的、一直延续的和独一无二的传统。而"古代"的概念意味着曾经存在着一个与"现代"有着根本性差异的"社会结构"与文化,恰恰契合着人文主义以来逐渐发展出来的现代史学的观念。因此,翻译成"古代宪法",包含着宪法的古今之变的含义,与普通法心智中强调宪法之古老性和永恒性是矛盾的。

詹姆斯一世统治时期的柯克大法官,都极其鲜明地体现了这样一种心智结构。[1] 波考克认为,这样一种历史观,与现代史学所揭示的英格兰历史的现实,是不相符合的,尤其是这种历史观完全否认和忽视在11世纪诺曼底登陆之后,在英格兰的历史上曾经存在过一段很长的封建社会时期。并非没有人对英格兰普通法法律人的这种历史观提出过质疑。例如,很早的时候,就有学者对英格兰神圣起源的叙事,有根有据地提出过很严厉的批评。尤其是,英格兰封建法研究的奠基人和开创者斯佩尔曼曾经明确指出过英格兰的封建制及其欧陆根源。[2] 斯佩尔曼通过对中世纪英格兰法所用的法律词汇与同时期欧洲大陆所用法律词汇进行对比分析,指出向来被福蒂斯丘等英格兰法律家所强调的英格兰普通法传统的独特性,至少在诺曼征服之后很长一段时间都不存在。在诺曼征服以后相当长的一段时间内,英格兰法律体系与欧陆地区的法律体系,属于同一个封建法的体系,并且这种共同性可以通过由法国学者重新编订的伦巴第的“封土之

1　J. G. A.Pocock, *The Ancient Constitution and Feudal Law: A Study of English Historical Thought in 17 Centry*, Cambridge University Press, 1987, pp.30-35.

2　波考克认为,斯佩尔曼对英格兰法律史的一系列研究和著作,至少有两个贡献:第一个贡献,首先是通过语言学的比较研究,以及对欧洲大陆封建法历史的重新梳理,斯佩尔曼发现了中世纪英格兰封建法与卡洛琳王朝时期的法国封建法,以及伦巴第地区的封建法之间的实质性关联,将英格兰的法律史与 Gerardus 等欧洲封建史家所描述的复杂的欧洲封建制度的整体联系起来,并且嵌入其中。其次,通过对英格兰法律史的考察和分析,斯佩尔曼区分了英格兰普通法传统的早期日耳曼因素、教会因素、封建因素、大陆法因素等。第二个贡献尤其体现在他写于1633年的一篇论文:*Of the Original of Wills and Testaments and of Their Prob*。这篇文章认为英格兰人早先并不知道遗嘱,然后通过教会受罗马法的影响,才慢慢知道了遗嘱制度,并且把遗嘱认证的权利交给了牧师。他描述了伯爵(Earl)与牧师共同坐在郡法庭,以前格拉提安时期(Gratian)的基督教遗嘱法精神审判相关案件。诺曼人征服英格兰后,将教会赶出郡法庭,并且用封建 Tenure 取代了基督教遗嘱制度。最后,这就是普通法的遗嘱制度。以此为例,波考克认为,在斯佩尔曼的眼里,没有永恒的和仅具有唯一神圣起源的普通法,普通法被他分解成不同的起源。

律"(*Libri Feudorum*)中界定的概念"封建"(*Feudorum*)而得到解释。[1] 而在诺曼征服前,在英格兰是很难发现类似用以描述和指代封建制度的词语和术语的。[2] 由此可见,英国的封建制并非产自英格兰本土,而是来自隔水相望的欧洲大陆。[3]

斯佩尔曼对英国中古时期封建制度的重新发现,虽然也产生了一定的影响,例如哈灵顿[4]、菲尔墨、保皇党人布兰迪,甚至布莱克斯通,都不同程度地同意和引证斯佩尔曼的研究,但英格兰的多数绅士们似乎对这些新发现的事实视而不见,仍然维持一种坐井观天式的"英格兰独特性"的世界观,维持一种认为英格兰历史是持续而无间断、无变化的虚构历史观。

如果说,这样一种明显的罔顾事实,仅仅是17世纪的"宪政派"为应付保皇党人提出的君权至上理论的主观虚构,似乎也是能够被理解的。如此,则是政治斗争的需要影响了英格兰的普通法心智而拒绝承认真实的英国史。于是,承认和拥护一种什么样的"英国史",就可以成为辨认当时学者和思想家政治光谱的重要标准。

---

1 J. G. A.Pocock,*The Ancient Constitution and Feudal Law: A Study of English Historical Thought in 17 Centry*, p.102.

2 J. G. A.Pocock, *The Ancient Constitution and Feudal Law: A Study of English Historical Thought in 17 Centry*, pp.91-23.

3 J. G. A.Pocock, *The Ancient Constitution and Feudal Law: A Study of English Historical Thought in 17 Centry*, p.103.

4 哈灵顿主要是因为注意到了如下历史事实,即亨利八世时期,地方下层封建领主地位的上升,导致下议院地位的上升。他从而强调了英格兰历史的变化,以此区别于普通法对英格兰历史不变的解释。波考克同时提醒我们当时主流学说以哈灵顿最早注重经济因素对于政治之影响而标记哈灵顿在西方政治思想史上地位之谬误。这是波考克较早时期处理哈灵顿的思想所提出的,其中波考克已经注意并强调哈灵顿的共和主义思想,并比较了其与马基雅维利共和思想的渊源与区别,强调哈灵顿重视公民权与财产的关联,恰是其高于马基雅维利之所在,很值得重视。

但波考克发现，问题并没有这么简单。通过对柯克及其同时代普通法法律人的言论和行动的更加细致的分析，波考克认为不应该质疑柯克对“古老的宪法”理论的信奉和真诚性。从柯克提倡该种理论的理直气壮，以及为了维护“古老的宪法”所做的种种不顾后果、前赴后继的卓绝努力来看，以柯克为典型的多数普通法法律人，确实就是这么看待和理解英格兰普通法及其与英格兰王权之间的关系的。[1] 波考克认为这样一种普通法的历史观，已经不知不觉地渗透到17世纪英格兰法律人的血液中，成为他们的潜意识。由于普通法在某种意义上承担了锻造和教化英格兰绅士的重要功能，因此这样一种普通法心智已经弥散到整个英格兰的受教育阶层，从而成为当时整个英格兰绅士阶层的思想图式。[2] 这样一种心理图式如此强大，以至于当时以维护王权为己任的许多保皇党人，也无形之中被这种思想图式所影响，依据“古老的宪法”规定的逻辑结构来论证王权绝对统治的正当性。其表现之一，就是他们试图通过论证王权比普通法更古老，来论证王权的绝对统治要高于普通法，论证王权才是这个古老的宪法真正的核心内容。或者反过来说，通过论证普通法有一个比较晚近的开端，来证明它比王权要更晚近，因此更不具超越和限制王权的正当性。

尤其是17世纪以后，英国国内的政治斗争主要是议会

1　波考克是这样描述柯克的这种理直气壮：“柯克的想法，听起来并非像是防卫性的。他并不是坚持主张或是争论说，普通法是英格兰唯一占主流地位的法律体系，他这样说，就像是呼吸空气那样自然和理所当然。”J. G. A.Pocock, *The Ancient Constitution and Feudal Law: A Study of English Historical Thought in 17 Centry*, p.32.

2　J. G. A.Pocock, *The Ancient Constitution and Feudal Law: A Study of English Historical Thought in 17 Centry*, p.32.

(Parliament)与王权之间的斗争,所以英格兰普通法的古老性,就逐渐地被转化成英格兰议会的古老性,以此来证明议会高于王权。[1] 而反对议会的保皇党人则利用斯佩尔曼的发现,试图证明王权比议会更古老,从而论证不受议会限制的绝对王权的正当性。例如,菲尔墨通过引证斯佩尔曼的研究,考证了英格兰议会出现的历史,证明议会是在诺曼征服很久以后才出现的,因此,不属于古老宪法的一部分,因此也就失去了其限制王权的正当性。[2] 因此,两种历史叙事的逻辑之争,就演变成了政治的正当性之争。

一直到霍布斯的理论横空出世,才把这个奇异的循环论证结构打破,从而带来了英国政治思想史的哥白尼式的革命,以及普通法“古老的宪法”学说的真正衰落[3]——到了洛克那里,他已经不再诉诸“古老的宪法”来论证英格兰宪政的正当性,相反,他采纳了霍布斯的自然状态理论,通过天赋人权的抽象理论来论证英格兰宪政的正当性。[4] 尽管如此,英格兰普通法所锻造的“普通法心智”,对英格兰革命前后这三百多年的政治思想和政治论辩,具有主导性的影响。如果忽略了英格兰普通法的存在及其对整个英国绅士阶层心智的锻造作用,就很难理解英格兰革命中的保皇派与革命派之间的思想斗

1 波考克在《古老的宪法与封建法》第二章第二节的考证和分析指出,普通法是古老的和永恒的,这种说法也随着时代的变迁而发展:最早,普通法是古老的、永恒的,逐渐发展到“下议院代表有产者的权利”这一点是古老的和永恒的;从存在着一种古老的根本法,议会是根本法的守护者,发展为议会就是主权者。

2 J. G. A.Pocock, *The Ancient Constitution and Feudal Law: A Study of English Historical Thought in 17 Centry*, pp.148-161.

3 J. G. A.Pocock, *The Ancient Constitution and Feudal Law: A Study of English Historical Thought in 17 Centry*, pp.162 -170.

4 J. G. A.Pocock, *The Ancient Constitution and Feudal Law: A Study of English Historical Thought in 17 Centry*, p.236、p.357.

争。我们说,真正的政治斗争,并非是纯暴力的较量,而是各种观念和说法之间的较量,暴力较量不过是这种观念和意识形态较量的最极端表现形式。就此而言,英格兰普通法及其锻造的意识形态对于英格兰革命的影响,至少在中国的英格兰政治思想研究领域被过分低估,至今缺乏系统而深刻的研究和评估。

自17世纪柯克领导普通法的法律人与以国王为首的保皇党人的斗争开始,一直到光荣革命成功,围绕着"古老的宪法"进行了长期争论,其真正有趣的地方在于,如何理解"普通法心智"的虚妄性。波考克揭示的是普通法法律人对历史的近乎偏执的看法。但实际上,普通法法律人又何止对历史持此种偏执的看法呢?换个角度看,普通法法律人对待王权的态度,即国王的权力应在法律之下,而法律应该由专业的法律人来解释,又何尝不是偏执?[1] 此种偏执显然不能仅仅从柯克等人的"个性"的角度进行心理学意义的解释——作为裁决人世间成千上万红男绿女的纠纷的中立而超然的法官们,柯克们必然是成熟和稳重的,是世事洞明的。他们仅仅在坚持普通法的独立性,超越并制约王权这一点上是超级偏执的。这种偏执的程度,超越了现代史学家的正常理性的理解范围,也超越了几乎同时代的哲学家霍布斯的理解范围。但在我看来,这恰恰是英格兰"普通法心智"最有趣,也最值得深入探讨的地方。

---

1 如果站在戴雪所处的19世纪来看这个问题,我们当然可以用革命成功后的态度来看待这场意识形态斗争,如此,光荣革命后的种种惯习性安排,都可以被看作对更古老的普通法惯例的承认和保障,其核心思想就是对王权的制约。这些惯例都是"实在的"。但如果我们站在17世纪,柯克与国王斗争的年代来看,这就远构不成"实在的",因为普通法法律人与保皇党人的斗争正此起彼伏,议会也正在为自己的生存和地位,与保皇党人进行艰难的斗争。

作为一名职业的政治思想史家,波考克同样很难理解像柯克这样的普通法法律人的偏执。他既不了解这种对普通法宪政近乎偏执的"心智结构"是如何形成的,也不理解为何这种偏执竟然如此顽固,以至于无数史学家前赴后继地指出了诺曼征服后英格兰封建社会的真实存在,以及王权在整个封建社会中的绝对性和本源性,但仍然有如此之多的偏执的英格兰法律家和政治家否认和罔顾这些现实。[1]

波考克自己曾经交待过,《古老的宪法与封建法》一书有两个任务,一个任务是考察 17 世纪到 18 世纪的英国政治思想史的变迁,另外还有一个更抽象的任务,就是探讨"历史观的变迁"(History of Historiography)。[2] 在《古老的宪法与封建法》的开篇,波考克就提出了"现代历史观"的问题,指出现代人与古代人的历史观存在着实质和根本的差异。对于古代的希腊和罗马人而言,虽然他们承认存在着与他们的社会迥异的社会与文化(例如,对希腊人而言的东方专制社会,对罗马人而言的来自北方的日耳曼蛮族社会),但他们不认为他们自己的社会的遥远过去,是一个与自己迥异的社会与文化,因此他们也没有发展出一套以还原与当时社会完全异质的社会的整体与细节的史学技术与方法。[3]

通过对文艺复兴时期法国人文主义法学与史学方法之源流的描述和还原,尤其是对法国人文主义法学家的代表人物之一霍特曼

---

1 现代史学研究者难以理解 17 世纪普通法法律家对历史的这种独特态度,其原因与现代史学研究者缺乏法律人的职业训练有关系,同时也与现代史学观的转变有关系。

2 J. G. A.Pocock, *The Ancient Constitution and Feudal Law: A Study of English Historical Thought in 17 Centry*, p.255.

3 J. G. A.Pocock, *The Ancient Constitution and Feudal Law: A Study of English Historical Thought in 17 Centry*, p.13.

(Francois Hotman)的习惯法理论的分析和介绍,波考克很详细地描绘了法国人文主义的法学家在研究罗马法时,如何注意到罗马法与本地习惯法的差异,由此催生了罗马法是与身处社会完全不同的历史观。这种观念起初仍然是小心翼翼的,仅仅强调查士丁尼编订的罗马法与共和国时期和帝国早期的罗马法之间的差异,随后逐步大胆地指出,《查士丁尼法典》既难反映罗马共和国时期与帝国早期的社会结构与法律,甚至与查士丁尼时期实际运转的社会结构也差异极大。此种研究最终肯定了法国的习惯法的正当性,认为法国是一个封建社会,与罗马法有着完全不同的渊源,乃两个完全不同的社会结构。而此前自《查士丁尼法典》在 11 世纪初被重新发现以来,罗马法一直被看作一种理性法和欧洲普通法,而且一直被研究者看作可以直接适用且仍然生效的法律。如此,研究一个迥异于当时法国社会形态的罗马社会,还原其宏观结构与微观细节,就成了一个独立的研究领域,并且逐渐发展出一整套新的史学意识与方法论。波考克倾向认为,这就是现代史学观及其方法论的最早渊源。[1] 波考克正是带着这样一种学科史的视野和问题意识,切入到英格兰 17 世纪政治思想史的研究的。对他来说,17—18 世纪政治思想史中的一段公案,即柯克、斯佩尔曼、菲尔墨、布兰迪、霍布斯、黑尔、洛克等人围绕英格兰古老宪法的议论,最恰当地体现了来自法国的人文主义史学是如何通过苏格兰史学的间接影响,一步一步地渗透到英格兰的史学研究中,并最终刺激和催生了英格兰现代史学意识与方法论的苏醒,同

---

1 J. G. A.Pocock, *The Ancient Constitution and Feudal Law*: *A Study of English Historical Thought in 17 Centry*, pp.9-29.

时也体现了现代史学意识及其方法论发展之曲折性。

很显然，这是一位政治哲学家与史学家站在历史科学与政治科学的角度，对普通法心智的一种基于外在观察者立场的描述和批评。从一位现代史学意识及其方法论的拥护者角度来看，17 世纪英格兰的工商社会与 11 世纪英格兰的封建社会之实质性的差异，在诸多史学证据的映衬下，已是天日昭昭下铁一般的事实了。然而，普通法的法律人及其受普通法心智宰制的英格兰绅士却对此视而不见，实在有些匪夷所思。波考克尝试性地指出，这或许是英格兰法律家受故步自封的岛国心态影响，缺乏更宽阔的比较法视野之故。这种解释于是成了《古老的宪法与封建法》第三章的核心思想。但正如麦克法兰曾指出的，这种说法并不成立，例如，福蒂斯丘恰恰是在流亡法兰西时萌生了写作《英格兰法礼赞》的想法，其理论的基础，恰恰是基于英格兰与法兰西的比较。而且后来的历史研究也一再指出，指责柯克等英格兰法律人缺乏欧陆法的知识，是站不住脚的，普通法法律人中具有丰富欧陆法知识的并不少见。何况这样一种解释，也很难回应为何在斯佩尔曼的著作系统地公开出版后，很长一段时间仍未改变英国人历史观。将之归结为政治斗争，似乎也说不过去，因为政治斗争解释不了斯佩尔曼遗作的大量出版，及其为何在英格兰绅士中的广为流传。最典型的是布莱克斯通，他虽然熟读斯佩尔曼的著作，也很佩服他，但他的历史观仍然是延续柯克传统的。

作为一种历史实在的普通法心智，之所以引起政治思想史家波考克的注意，成为其研究对象，并被他以高超的语言能力雕刻成一尊生动逼真的“历史塑像”，主要得益于波考克深刻地理解到普通法心智对英国政治的深刻而强大的影响——尽管波考克仍然不理解普通法法律家的“偏执”。

三、“虚构”的真实

以柯克为代表的普通法学者代表了普通法职业共同体对普通法历史和传统的集体理解，这种理解虽然并不符合现代社会科学方法的准则，但作为一种真实而强大的力量，它对英格兰的宪政机制的形成产生了难以估量的正面影响。因此，他们对待普通法的态度、观点与他们的日常行动是紧密相连、内在一致的，同时这种一致的思想与言行又确实作为真实的历史存在对历史发生了它所预期的那种影响，就此而言，很难仅仅用现代史学的方法论准则作为判断依据，以史识或史观错误的标签对其敷衍了事。

当然，以斯佩尔曼为代表的新派历史学家们的观点确实也是正确的，但是他们采用的是一种外在观察者的视角，看到了内在观察者视角的盲点，也看到了其中柯克们回溯性重构的普通法历史有许多确实是主观的虚构，并不符合真实的历史过程。

因此，有意思的是如何理解这种虚构的真实性。谈到这个问题，不禁使我想起玛格利特的一幅名画《这不是一支烟斗》。

据福柯的介绍，这幅画总共有两个版本，其中第一个版本画了一支烟斗，却在下面写了一行字“这不是一只烟斗”。第二版本的画则如图所示，画的是两只烟斗，其中原来的烟斗被放在了由一个三脚架支撑起来的画板中，烟斗下面仍然还是那行字“这不是一支烟斗”。

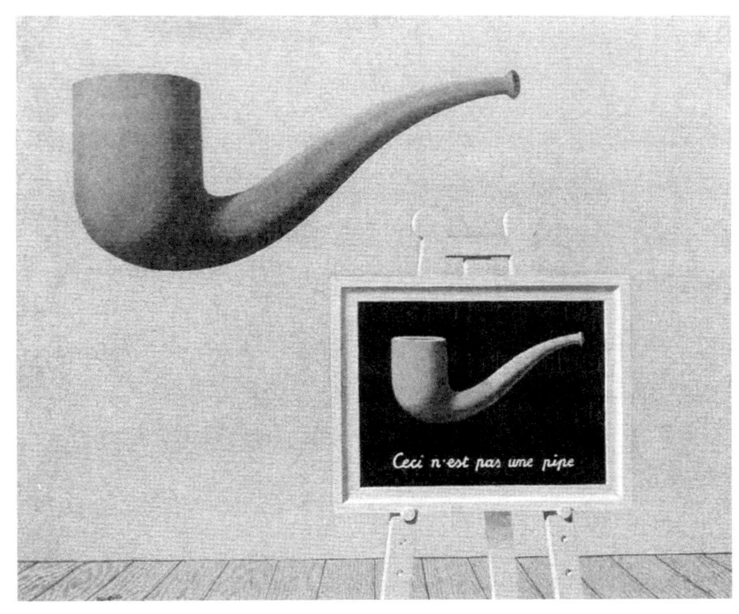

在画面的左上方，是一只一模一样，但是大得多的烟斗。[1]

显然，第一幅画是灵感的最初来源，第二幅画则更完整地表达了玛格利特的想法。就画的内容而言，画的确实是一支烟斗，但这又确实不是一支真实、能够使用的烟斗。在艺术世界里，作为画面内容的烟斗，其真实性是毋庸置疑的。这是两种不同性质的真实性。

这两种不同层面的真实性，对于我们理解两种不同的普通法历史的差异与统一，有重要的启发意义。一方面，对于以斯佩尔曼为代表的新派历史学家来说，以《大宪章》为标志的普通法宪政史是一种

1　参见［法］福柯《这不是一支烟斗》，刑克超译，漓江出版社 2012 年版，第 3—4 页。

人为的虚构,但另外一方面,对以柯克为代表的普通法学者来说,这种“人为的虚构”的东西,却具有某种不可辩驳的真实性,并且这种“虚构的真实性”,对普通法的存在与性质来说,具有某种关键的作用。

有一点是很显然的,如果看不到这种“虚构的真实性”的重要意义,无法对其展开观察和沉思,是不太可能把握英国普通法机制的性质并进而对其展开真正研究的。这恰恰是作为思想史家的波考克,最终难以理解这种普通法心智的根本原因。

卢曼的社会系统理论,有助于我们更清晰地阐明这一点。从卢曼的社会系统理论来说,不同的社会系统之所以能够持续运作,从来靠的不是现代自然科学所揭示的那种自然真实。对于不同的社会功能子系统的运作来说,其运作有赖于只在系统内部生效的“拟制真实”。而实现这种“拟制真实”的技术,则是“再进入”的技术。[1] 那么,何谓“再进入”的技术呢?

所谓的“再进入”技术,就是指系统要维持自身的运作,就必须形成系统与环境的区分,从而形成一种系统运作的封闭性。这就意味着,系统内部与系统外部的环境之间是有界限的,因此并非犹如条件反射一样点对点的直接对应关系。因此,系统外部环境要对系统发生影响,则就必须在系统内部模拟出系统外部环境的事实。系统只有具有这样一种“图像”模拟能力,才能够感知到外部环境的变化,并

---

1 [德]托依布纳:《法律异化——论第 12 只骆驼的社会剩余价值》,载泮伟江、高鸿钧编《魔阵·剥削·异化——托依布纳法律社会学文集》,清华大学出版社 2012 年版,第 321 页。

且作出应对。[1] 如此一来,相当于将系统与环境的区分重新置入系统之中,形成了第二层次的区分,也就是自我指涉和异己指涉的区分。[2] 现代的生物学已经证明了这一点,卢曼则通过一套复杂的概念工具,证明社会系统也是如此运作的。例如,对于法律系统而言,必须发展出一套法律概念和话语用以描述客观事实,并且提炼其法律意义,则真实发生的客观的历史事件才能够被转化成具有法律意义的法律事件。

就此而言,法律系统内部的真实,与客观事实并不是一一对应的。因此,系统内部模拟的事实,与客观发生的事实有所出入,相互矛盾甚至抵牾,这都不是什么值得大惊小怪的事情。而且这种差异的存在,往往可能是系统维持运作所必需的。就这个层面而言,历史学家所研究的普通法的历史,与普通法法律家所言说的历史存在矛盾和差异,并不稀奇,也不能因此否认普通法法律家所说的历史就是错误的,或者荒谬的。

当然,这样解释还是太抽象,这个问题还可以解释得更具体些。同样是卢曼的社会系统理论,认为系统的运作靠的是沟通,而沟通只能够并且必须链接上一个沟通和下一个沟通。如此一来,系统内部就形成了一种迥异于系统外部的时间观念。如果我们读了波考克《古老的宪法与封建法》一书的第一章,就更能明白这两种时间观念的区别了。对于英格兰普通法的律师和法官而言,他们身处法律系

---

1 Niklas Luhmann, *The Sociology of Law*, translated by Elizabeth King and Martin Albrow, edited by Martin Albrow, China Social Sciences Publishing House, Chengcheng Books Ltd, 1999, p320.

2 Niklas Luhmann, Die Gesellschaft der Gesellschaft, Suhrcamp Verlag, Frankfurt am Main, 1997, pp. 45.

统内部，其时间观念受法律系统塑造，因此形成的时间观是一种类似人文主义者之前罗马法研究者的时间观——对于这些罗马法研究者来说，罗马法文本与他们所生活的时代没有任何的断裂，连接两者的是一代又一代罗马法注释学家所累积起来的罗马法注释。他们就是通过这些罗马法注释的过滤来理解罗马法的。[1] 而对英格兰普通法的法官与律师来说，他们理解几百年前的某个先例，也不能绕开处于这个先例与手头处理案件之间的众多其他相关先例。恰恰相反，几百年的先例之所以有意义，恰恰是由于它与离手头处理的案件最近的那个先例发生了联系。依此类推。因此，对于处于先例结构中的普通法法官和律师而言，几百年前的那个先例的具体含义，是通过离手头最近的这个先例而得到规定的。而几百年前那个先例，作为一个真实发生的历史事件，它与当初产生的那个社会结构与环境之间的关系，以及在这种具体的社会结构与环境中的含义与离手头处理案件最近的那个先例之间含义的差异究竟有多大，这是他们不关心，也是不必关心的。[2] 而这恰恰是具有考古癖和好古癖的历史学家们最最关心的。因此，对他们来说，普通法律师和法官对待历史的这种态度，明显是一种罔顾历史真实的"迷思"。他们难以理解普通法法律家对《大宪章》的那种态度，以及对英格兰普通法古老性的那种态度，就是很自然的。对于英格兰法律家来说，英格兰普通法没有开端，也难以追溯其开端，因为开端对他们来说没有任何实际意义，真

1　J. G. A.Pocock, *The Ancient Constitution and Feudal Law*: *A Study of English Historical Thought in 17 Centry*, p.4.

2　后来黑尔对霍布斯的回应，就尤其强调这一点，特别是他举的"阿尔戈之船"的例子，就更典型地阐明了普通法的这个特征。

正对他们判决手头处理案件有意义的是最近的先例,以及通过最近先例与自己发生联系的先例链条。正因为如此,开端才可以是古老的,甚至被想象成与人类历史的开端是同步的。这一点对于普通法法律家来说,接受起来没有任何思维的障碍。但是对于现代历史学家来说,这种思维简直难以想象,在他们看来,历史必然是断裂和不连贯的。因为现代的历史研究,恰恰是以古今的差异为前提展开工作的。还原出一个与现代世界完全不同的古代世界,甚至具体到当时生活最细节的东西,这是他们毕生的抱负。

四、“偏执”的力量与普通法宪政的奥秘

对于英格兰普通法的法律人来说,其“偏执”与其罔顾历史的“虚构”,具有某种内在的一致性。在17世纪政治斗争过程中的普通法法律人,其“偏执”的行动,恰恰来自其自我虚构的英格兰历史观。

然而,正如我在上文所指出的,英格兰普通法的力量恰恰来自这种对历史的强迫性“虚构”,以及罔顾现实的偏执的行动逻辑。这恰恰同时也是英格兰“法治”的逻辑。[1] 如果缺乏这份公然“扭曲”历史、“罔顾”现实的行动观,英格兰普通法就不可能具有如此强大的能量,从而深度地动员和参与到英格兰的革命之中,最终与各种力量共同塑造了英格兰的宪政体制。

---

1 Niklas luhmann, *The Sociology of Law*, Translated by Elizabeth King and Martin Albrow, edited by Martin Albrow, China Social Sciences Publishing House, Chengcheng Books Ltd, 1999, p.33; Niklas Luhmann, *Das Recht der Gesellschaft*, SuhrkampVerlag Frankfurt am Main, 1993, pp.165—213.

因此,波考克实际上无意地指出了英格兰宪政建构过程中经常被政治理论家和史学家们忽略的一个重要面向,就是英格兰普通法实际上是作为一种“偏执”而单一的抽象机制参与到英格兰宪政机制的建构之中的。这样一种抽象的机制使得英格兰宪政建设并不仅仅是一种典型的“政治过程”,虽然少了些群情激奋的热闹场面,却塑造了英格兰宪政经常不为人所查知的独特性格。英格兰宪政的这种抽象性,以及由这种抽象性而来的不成文性,对于更新我们关于宪法以及宪政的观念,具有重要的启示意义。

首先,它提醒我们,理解宪法与宪政,尤其是理解英格兰宪法与宪政,是不能仅仅从政治的角度进行的。曾经很长的一段时间,理解英格兰宪法的历史,变得仅仅是历史学家的工作,或者说是留给法律人的工作,而且仅仅只是研究英格兰私法的历史,而英格兰的宪政史则仅仅被看作英格兰政治制度史。这种做法直接导致了英格兰宪政史研究的衰落。晚近二三十年的研究,在宪政史的研究中,重新引入了法律家的视角,又使英格兰宪政史研究重新焕发了活力。

英格兰宪政史研究的这种演变过程,也从一个侧面启发我们:如果无法对英格兰普通法的历史与机制在理论层面提供现象学式的观照,就很难理解英格兰宪政的内在机理和运作逻辑。英格兰宪政的建设最初的表现,就是抽象的普通法机制与肉身化的王权之间的斗争和冲突。这种斗争和冲突最终以抽象的普通法机制战胜和淹没肉身化的王权为结局。通常所说的普通法宪政其实指的就是这个结局。因此,宪政的一个很根本的含义,就是政治统治的抽象化对肉身化的取代。相对于抽象的机制的统治,肉身化的统治拥有一个鲜明的优点，即主权者是会呼吸会笑会哭的活生生的人。因此，这样一个主权象征更容易唤起人们的服从感，更容易被臣民所理解。

相对而言，如果主权者变成一套抽象的机制，则究竟“谁”是主权者，就变得难以理解，而当危难降临时，究竟“谁”能够站出来，领导人民，拯救人民，似乎也变得不再那么直观了。这是包括霍布斯在内的许多政治哲学家，对普通法宪政最难以理解的地方。

然而，作为一个现代人，这一点其实不难理解。光荣革命后，主权从肉身的国王被转移到抽象的议会，国王逐渐变成了仅仅是一种“象征性”的符号，但此后英国从来没有出现过紧急状态下主权者缺位的状况。在需要睿智、强硬和果敢的主权者出现时，这套宪政机制总是能够把最合适的人选用到最能够体现主权者决断意志和能力的位置上，代表主权者完成历史任务。而一旦危机过去，这些被临时性地送到主权者位置的肉身化的个人难免就会被重新放置到正常人的状态中。丘吉尔战时当选首相和战后落选就是一个很经典的例子。

同样，霍布斯也很难理解普通法的专业理性。他仅仅能够从普通人的常识理性的角度，来理解普通法的法律家所宣称的作为法律之判准的理性。如果他能够明白，普通法的法律家所宣称的理性并非常人都具有的常识理性，而是必须经过专业训练才能够形成的“偏执”的行业理性，他的有关权威与理性的议论或许就会被改写了。

其次，这也启示我们，要理解英格兰宪政的不成文性，不能仅仅从戴雪时代不成文的宪政惯例的既成事实性来理解，而是要从普通法机制的“偏执”到“自我欺骗”程度的单一理性的角度来理解。法律人经常会被政治家讥讽为“天真”“自欺欺人”“罔顾现实”等等，究其原因,法律人总是过于偏执地沉溺于对“合法”与“非法”的判定,不会拐弯,教条主义。但从英格兰普通法宪政的历程来看,恰恰是法律人的这种只认合法性,缺乏政治智慧的“一根筋”,才是法律人勇气和力量的源泉。根据波考克的考察,这种只认合法性的单一理性的“一根筋”,已经成了17世纪英格兰法律人的一种潜意识,一种心智的图式了。这种心理惯性如此强大,竟然真的让国王屈服,并最后推倒和驯化了国王,完成了英格兰宪政的转型。正如阿伦特所揭示的,Revolution一词最早被用来描述1660年推翻残余国会,恢复君主制的历史事件,后来也被用来描述光荣革命的历史后果。[1] 因此,“革命”的英国含义,其实就是复辟,既指复辟君主制,更是指复辟“王在法下”的普通法宪政的传统。从英格兰普通法的法律人的角度来理解,就是纠正英格兰王权篡夺法律主权的非法状态,恢复到“法律至上”的法治状态的过程。因此,英格兰革命的逻辑,并不在于创造一个新世界,而是恢复一个“理想中”的旧世界——这其实不过是普通法心智的推演和展开。

反过来说,戴雪时代普通法宪政成为一种既成事实,也未必完全是拜暴力革命所赐。戴雪时代已然难以被推翻或更替,成为既成事实的普通法宪政,并非仅仅依靠强制力所造成的恐惧来维持自身的稳定性,同时也并非仅仅依靠霍布斯所强调的被统治的“服从的习惯”来维持自身的稳定性。从本质上说,普通法偏执的单一理性逻辑,在观念层面上已经广泛地被英国人所接受,从而具备一种规范层面的正当性,这才是普通法宪政保持其长期稳定性的关键所在。到

1　参见[美]阿伦特《论革命》,陈周旺译,译林出版社2007年版,第32页。

了戴雪那个时代,英格兰已经完成工业革命,一个崭新的世界展现在他们面前。相对于欧洲大陆革命时代的动荡,英国人对本国的富裕和自由充满了自豪。对于他们来说,这一切,都是与普通法密切相关的。

Ⅱ
从殖民时代到全球化时代：如何理解全球化新秩序

一、技术改变世界

“技术是女王：技术改变世界！”[1]

布罗代尔在《15—18 世纪的物质文明、经济和资本主义》中，详细地考察了大航海时代前后整个欧洲的交通技术之后，不禁发出如此感叹：的确，真正的世界历史，是从 15 世纪前后大航海时代的远洋交通技术的发明开始的——“巨大的成功意味着巨大的革新：远洋航行开创了世界性的联络体系”[2]。

然而，技术的革命却未必会自动带来新世界的真正实现。新的大航海时代原来是在对马可·波罗所描述的东方财富的觊觎的刺激

1 [法]费尔南·布罗代尔：《15 至 18 世纪的物质文明、经济和资本主义》第一卷，顾良、施康强译，生活·读书·新知三联书店，1992 年，第 514 页。

2 [法]费尔南·布罗代尔：《15 至 18 世纪的物质文明、经济和资本主义》第一卷，第 487 页。

下而发生的,尽管哥伦布发现新大陆使得航海技术初步实现了其世界意义,欧洲人的视野和足迹从此不再局限于近东地区的老朋友们,而是真正具有了一种世界的眼光,但大航海时代早期的海上霸主葡萄牙和西班牙对新世界的海洋世界的法则的理解,则仍然停留在旧欧洲世界的智力边界之中。葡萄牙和西班牙的殖民体系不过是国内旧的封建领主制的海外延伸,17 世纪的海上霸主则将地中海的商业贸易体系模式扩张到整个海外贸易中。航海技术的改进和冒险家的航海事业虽然将旧欧洲从物理意义上带进了新的全球性的海洋时代,但是在精神层面上欧洲人显然还没有为这个新世界的到来做好充分的准备。哪怕是格劳秀斯的海洋法理论和国际法学说,也仍然带有强烈的欧洲大陆旧世界的浓重痕迹。

真正开创世界殖民体系新时代的是撞开新世界之门的英国。1689 年完成光荣革命实现君主立宪政体的英国,在 18 世纪开启了工业革命,改进国内的运河体系,并逐渐建造国内的铁路网,逐渐形成完整的工业体系。新的工业体系大规模的原料需求和市场需求,对整个欧洲大陆产生了强烈的刺激,也大大地推进了整个欧洲的政体革命和工业革命。新的工业体系与海外殖民体系形成了稳固的结合,最终战败了荷兰的商业殖民体系,成为这个新世界稳定的霸主和范例。这个新的世界体系以亚当·斯密的自由贸易理论为基础,以强大的海军为先锋和保障力量,通过不断改进的远洋航运技术,最大限度地从海外殖民地获取工业生产的各种原材料,并把所生产的各种工业品销往世界各地。强大的海军力量对于这个以殖民为核心的世界体系具有核心的意义。

当然，大英帝国的霸主地位并不仅仅是工业革命的后果，同时也是英国革命后一系列政治、经济制度优化的结果。其中金融制度的创新，是其中最重要的体现之一。1688 年英国光荣革命后，荷兰国王威廉三世成为英国国王，使得英国卷入了长期的对法战争。尽管君主立宪体制在征税方面的效率要远远高于太阳王路易十四治下的法国，但庞大的军费开支仍然让英王捉襟见肘。为了筹措军费，英国政府发明了借贷国债的方法，并且在 1694 年英格兰银行成立后具备了稳固的制度基础。英格兰银行向英国政府贷出 120 万镑，政府则由税收做抵押，每年付给英格兰银行 8%的利息，并且允许英格兰银行发行货币。英格兰银行发行的货币的性质是银行券，这是从金属货币向纸币转换的第一步，使得市面流行的货币多于实际的黄金储备，增加了市场货币的流通量，也大大刺激了工商业的发展。

1872 年，英格兰银行开始对其他银行负起在困难时提供资金支持即“最后贷款人”的责任，确立了“银行的银行”地位。英国庞大的国际贸易体系给英国带来的大量黄金，以英格兰银行为基础的稳定的金融和信用体系，以及英国采用的金本位制的货币体系，使得英国逐渐成为世界的金融中心，英镑也成为世界性的通货：

> 国际金本位制度的建立，确立了英国世界金融霸主地位，英国支配了世界金融体系，直到该体系在 1914 年崩溃为止。该体系一方面为英国在世界各地的经济扩张提供了非常便利的条件，英国开始赚取大量无形信用收益——商业佣金、海外汇款和来自投资等方面的收益。1914 年，英国境外投资总值居各国之

首,约占西方国家对外投资总值的41.8%,英国从海外投资中获得了高额利润;另一方面,英国通过英格兰银行管理着世界金融体系,维护其金融霸权。[1]

大英帝国的巅峰时期是英女王维多利亚统治的时期,标志性的称谓是“日不落”帝国与“世界工厂”,最能代表此一时期大英帝国繁荣景象的则是首届世界博览会。1780 年,英国的生铁产量要低于法国,但是到了 1848 年,则超过全世界其他地区生铁的总产量。此时,英国的煤产量占全世界总产量的三分之二,棉布则占一半以上。1851 年的首届世界博览会在水晶宫举办,全部 14000 种展品中,有超过一半是来自英国及其殖民地。维多利亚女王的丈夫阿伯特自豪地说:“来自地球各个角落的产品都由我们来摆布,而我们只挑选那些对实现我们目的来说是最好的和最便宜的产品,生产的能力在于刺激竞争和资本。”

这个时代被称作英国殖民体系的黄金时代,被冠以“维多利亚时代”之称。维多利亚时代英国的富强和稳定,使得英国人一度产生了幻觉,认为这样美好的时代会一直持续下去。对此,凯恩斯在《合约的经济后果》第二章“战前欧洲”中有过非常形象和生动的刻画:

在人类的经济发展史上,1914 年 8 月以前的这段时期是一个多么伟大的时代!虽然事实上绝大多数人工作辛苦、生活水平很低,然而,所有迹象都表明,他们对这一分配状况相当满意。

---

1 聂庆平:《金融创新、金融力量与大国崛起》,载《中国证券报》,2008 年 5 月 20 日。

但是,对于任何一个在能力或其他方面具有过人之处的人来说,脱离这种境地而成为中产阶级或者上层社会中的一员是完全可能,此时他们就可以享受到低廉的价格,生活方便而舒适,这种生活之愉悦远远超过其他时代那些富甲一方、权倾天下的君主。伦敦居民早上可以一边在床上喝早茶,一边用电话订购世界各地的商品,这些产品质量优异,并且会一大早就被送到顾客的家门口;同时,他们也可以用同样的方法来投资于世界各地的自然资源和新企业,不用费力甚至不用承担什么风险就可以获得预期的成果和收益;或者他一时高兴,或得到什么信息,就可以把他的财产托付给那个洲大都会的市民。如果他愿意,他可以立刻乘坐舒适又廉价的交通工具去任何国家或地区,并且不需要护照或是其他手续。他可以派仆人去附近银行的办公场所非常方便地获得珍贵的金属,然后就可以带着这些贵金属出国,即使不了解该国的宗教、语言和习俗也没有关系,并且稍被干预就会大惊小怪地认为自己受到了严重侵犯。最重要的是,他们认为这种情形是正常的、自然而然的、永恒的,这种状况发展的方向只能是进一步改进,除此而外,对这一发展方向的任何偏离都是不正常的、诽谤性的、可以避免的。[1]

1 [英]约翰·梅纳德·凯恩斯:《和约的经济后果》,张军、贾晓屹译,华夏出版社,2008 年,第 9—10 页。

二、这是一种历史的反讽

“这是一种历史反讽:国家孕育了工业革命,并把它出口到全世界,而随着它的成功而日渐感到狼狈不堪。”[1]

威纳如此评价英国工业革命及其最后给英国带来的影响,尤其是两次工业革命转换过程中英国感受到的尴尬。勃里格斯用下面的数据为这种说法又做了精准的注释:

> 就钢铁这种主要的新材料而言,1913 年德国的产量是 1350 万吨,美国的产量是 3100 万吨,英国是 800 万吨。……在一些新兴的工业领域,诸如化学工业、电机工业及其他建立在科学基础上的工业,其他国家从一开始就处于领先地位。[2]

的确,到第一次世界大战之前的一段时期,首创这一模式的英国被后起的模仿者逐渐赶超,完成工业化的德国、美国等新兴的工业化国家也对新世界的利益格局提出了自己的要求,与英国的海外殖民贸易的利益产生了激烈的冲突。英国的海外贸易也开始了长期的逐渐衰退的过程。

然而,殖民时代的霸主英国人,仍然沉浸在维多利亚时代的那种

---

1 [美]马丁·威纳:《英国文化和工业精神的衰落(1850—1980)》,转引自[英]阿萨·勃里格斯《英国社会史》,陈叔平等译,中国人民大学出版社,1991 年,第 224 页。

2 [英]阿萨·勃里格斯:《英国社会史》,第 238 页。

美好感觉之中,丝毫也没有认识到危机真正悄悄地临近,也没有认识到从大航海时代以来逐渐形成和正以加速度推进的这个新的全球化时代的真正意义和运行规则。英国殖民事业的顶峰时代恰恰已经酝酿了这个体系最严重的内在危机。尽管,与维多利亚时代带着枪炮打开中国国门的英国人相比,中国人无论是在物质上还是精神上,都真正地被隔离于这个新时代之外。

19 世纪末到 20 世纪上半期最令人瞩目的国际事件当属欧洲大陆中部德意志帝国的崛起。得益于普法战争的胜利和第二次工业革命,德国很快地成为整个欧洲大陆最强大的国家。这极大地动摇和改变了欧洲大陆的政治版图,并且崛起后的德国很快以英国为样板,希望建立起一个以德国为轴心的世界贸易与殖民体系。一方面,德国崛起于欧洲大陆中部,威胁到了法国与俄国的利益,并且德国的崛起是以普法战争中法国的战败为代价,德法两家形成了世仇关系;而另一方面,德国所提出的海外扩张的要求又威胁到了英国的利益,由此就形成了第一次世界大战的基本格局。由此,可以说,德国的崛起和对英国世界贸易与殖民霸权的挑战是英国所推行的贸易与殖民战略内在逻辑的体现。

以英国主导的旧殖民体系的危机,在一战过程中也尖锐地体现出来。首先是金本位制的自动取消。用贵金属黄金作为货币,是早期自然货币发展的顶峰。在自然货币阶段,黄金成了最适合的货币形式。存储黄金和铸造金币的金匠所开出的兑换券是最早的纸币。在英国,随着英格兰银行成立并逐渐垄断货币发行权,在市场上就同时流通着纸币和金币。金币和纸币兑换比率的固定,使得一个国家的纸币和黄金的拥有量挂钩。当一个国家贸易顺差时,由于金币是国际贸易往来的通用货币,就会有大量金币流入该国市场,该国的货币就会增加,从而增加货币总量,引发通货膨胀;相反,如果该国存在着贸易逆差,则大量的金币就会流入国外,该国就会出现通货紧缩。而把金币存入银行的利息率,也会引导不同国家拥有资金的人选择将资金流入该国,从而增加了该国的货币总量。当然,由于黄金开采的难度和产量的限制,黄金作为通货具有价值稳定的优点,因此在很大程度上可以稳定一国的货币价值。但是在黄金和纸币同时流通的情况下,一国央行和商业银行的安全,以一定的黄金储备和兑换黄金的能力为前提,这就是银行的信用基础。

因此,当欧洲各国在物理的意义上进入新世界后,金币仍然是各国贸易往来理所当然的货币形式。用黄金作为硬通货,并且将本国货币同黄金挂钩,形成一种固定的比率,从而形成的国际金融秩序,就是国际金本位制。金本位制的一个缺点是,一国的经济运行容易受到他国经济政策和状况的影响,缺乏针对国际金融市场风险的自我调控的有效方式和手段。而且一国的经济实力越是强大,越是在国际贸易中处于顺差地位,就越可能对其他国家的经济状况产生影响。而相对处于较弱实力和贸易逆差的国家则越容易受制于人。

一战开始后,各国的央行纷纷储备黄金,取消金本位制,发行不可兑换的信用货币。金本位制存在的基础,即自由兑换、自由铸造金币的政策不存在了,金本位制也就取消了。当然,第一次世界大战是老殖民者和新兴殖民者之间的综合国力的较量,为了最大限度地利用资源和增强自身的实力,交战各国也不得不最大限度地利用国际市场采购各种各样的战时物资。而当时最有能力提供这种战争物资的便是美国。因此,交战双方都维持着与美国的贸易往来。

对英国来说,战争进一步提出了尖锐的国内金融和国际金融的问题。为了取得一战的胜利,英国不得不开始向协约国其他成员国进行借贷,帮助他们购买维持战争所需的各种重要物资。原先以英格兰银行为基础发行公债的方法,并不足以支撑整个协约国的军事开支,因此英国不得不代表协约国向美国借贷,通过国际金融的杠杆来支撑战争的费用。

如此一来,贸易逆差便在所难免。在金本位制下,贸易逆差首先意味着外汇收入的负增长和黄金的外流。其次,在金本位取消之后,贸易顺差又意味着沉重的债务负担,以及本国货币相对于外国货币的贬值。于是,英国的金本位制的基础逐渐被掏空。更严重的是,战争结束后,英国、法国和俄国组成的协约国欠了美国巨额的债务。

> 作为世界金融中心及世界霸主的英国,在战争中士兵伤亡约 80 万,军费开支近 100 亿英镑,国民财富损失了三分之一;在对外贸易方面,1918 年贸易总额达到 13.16 亿英镑,同时英国的出口额仅为进口额的二分之一。巨额的贸易逆差,迫使英国变卖海外投资的四分之一,即 10 亿英镑来补偿。这场战争使英国由一个债权国变成了一个债务国,只能通过举借外债解决财政困难和贸易逆差。战前的美国欠英国国债约 30 亿美元,战后英国倒欠美国 47 亿美元。同时,英国内债因战争而直线上升,战前英国内债为 6.45 亿英镑,战后猛增为 66 亿英镑。尽管欠了这

么多的债务,但政府的预算赤字仍在膨胀,而由谁来承担这笔负担的争执似乎没有解决的端倪。更为严重的是,英国引以为豪的富有生产效率的机器设备已经老化,其昂贵的成本使之无法与欧洲和美国的企业竞争。在这样的背景下,“日不落帝国”的经济出现衰退,英镑的强势地位也遭到了质疑。[1]

本来不惜一切代价所进行的战争目的是为了维护既有的殖民事业和世界霸主的地位,但是战争的结果却使得战胜国拖欠了一屁股的债务。这无疑是一次真正的历史反讽!

三、巴黎和会迦太基式的和平及其后果

第一次世界大战的爆发以及所带来的沉重灾难,实际上已经提出了一个国际社会的问题。新教革命及其所带来的三十年战争,将通过宗教联系起来的西欧社会转变成了以《威斯特伐利亚和约》为基础的,以民族国家主权为特征的新国际法秩序。适应这套新秩序的则是新的政治哲学,这套新的政治哲学将整个西欧切分为一个个不同的民族国家,在每个民族国家内部,存在着一个个分割的公民社会,而这些公民社会之间,则以国家主权为边界而形成一种自然状态,新的国际法类似于原有的自然法,虽有道义的约束力,但各个民族国家间实际上是一种一切国家对一切国家的战争状态。

---

1 阮崇晓:《黄金诱惑:世界上最保值货币秘史》,重庆出版社,2011 年,第 141 页。

然而,随着整个世界市场秩序逐渐形成,不同国家主权内部的经济联系逐渐增强,不同的公民社会在主权国家的政治链接之外,逐渐形成了新的经济性链接。西欧已经逐渐形成了一个经济的共同体。因此,在民族国家的主权责任之外,还存在着一个新的共同体的责任。而在凯恩斯看来,德国的制造业工业体系显然是欧洲大陆的这个经济共同体的核心:

> 欧洲的经济体系是以德国为中心支柱建立起来的,德国以外的欧洲的繁荣主要依赖于德国的繁荣和德国的企业。德国不断加快的增长速度为其邻国的产品提供了出路,这些邻国又可以非常低廉的价格从德国企业那里交换回它们所急需的产品。[1]

此外,西欧这个旧世界在粮食、资源、工业原材料等方面都依赖于其所开拓的殖民新世界,同时也需要将自身的工业品销售到这个新世界去。所谓的新世界,首先指的就是哥伦布所发现的美洲新大陆,尤其是1789年独立后的美国。旧世界的工业化已经不可避免地以新世界的存在为前提,对这一点已经毋庸置疑。根据胡佛的说法,“欧洲人口比没有进口时所产生的人数至少多出1亿,这些人必须依赖出口产品的生产和分配来生活”[2]。显然,德国的工业体系和对外贸易体系,对于这1亿人的生活,影响巨大。

更进一步的,随着一战对整个西欧经济共同体基础的摧残,及其

1　[英]约翰·梅纳德·凯恩斯:《和约的经济后果》,第13页。

2　[英]约翰·梅纳德·凯恩斯:《和约的经济后果》,第163页。

所带来的西欧整个社会生活水平的急剧下降,导致反现代性文明的德国法西斯主义的兴起。凯恩斯已经看到,这一切都已经在俄罗斯和东欧地区逐渐成为现实。这样一种危险实际上又将英国和美国牵入其中,英国和美国对西欧的复兴也承担着一种以文明为纽带的更大的共同体责任。

这两种新的共同体责任,要求英国、法国和美国都超越狭隘而短视的民族国家的视野,在一种更大的全球秩序的视角下来处理一战后的《巴黎合约》的问题。凯恩斯是深刻感觉到以民族国家为载体,殖民体系为特征的国际贸易体系乃第一次世界大战真正根源的少数人之一。他至少模糊地感受到,要走出这个世界体系的怪圈,就必须以一种世界的眼光来处理一战后的赔款和秩序重建的问题。因此,凯恩斯对美国总统威尔逊的"十四点计划"充满了期待。

显然巴黎和会的三位主角并没有领悟这一点。法国人斤斤计较的仍然是与德国的世仇,希望通过这次合约报普法战争的一箭之仇,并且最大限度地压制德国的复兴;英国人希望通过这次合约最大限度地攫取利益;美国人则希望能够最大限度地拿回战争时期借贷出去的巨款和利息。

三位主角脑子里装的都是民族国家的利益或者个人的政治利益计算,而对新的国际秩序并无任何更新的想法。这样说或许对威尔逊不太公平,但考虑到美国人稚嫩的外交经验和长老会牧师般防御性的自我安慰机制,这也并不算太离谱。

凯恩斯对巴黎和会的期待则是通过这次和约,使得德国消除过分的扩张野心,至少回归到俾斯麦为德国所设计的轨道上来,变成一

个正常与和平的欧洲强国,继续承担欧洲经济发展的发动机角色,同时,借助于一战后欧洲秩序大调整的机会,重构欧洲社会:

> 使战备的中欧变成友好邻邦,使新建立的欧洲国家稳定,收复俄国;促进协约国之间的经济团结;达成修复法国和意大利财政混乱的一致意见,达成使旧世界体系转变为新体系的一致意见。[1]

凯恩斯理想中的巴黎和会应该是一种重建新的伟大社会的伟大会议,然而现实中巴黎和会却是旧世界规则下的分赃大会和复仇大会。

巴黎和会违背契约精神,过于严苛地制裁德国,并没有对重建欧洲大陆的经济与社会结构做必要而充分的讨论并达成一致,所带来的后果,就是凯恩斯在《和约的经济后果》中所描述的:通货膨胀盛行,被摧毁的工业体系复苏迟缓,欧洲的对外贸易一蹶不振,粮食短缺,已经习惯了高品质生活的欧洲人陷入了越来越严重的贫困之中。

这几乎就是对一战结束后欧洲真实情况的准确预言。

四、痛苦的青春期转变

巴黎和会的糟糕结果内在地引发了第二次世界大战。二次世界

1　[英]约翰·梅纳德·凯恩斯:《和约的经济后果》,第158页。

大战结束后,战胜国又重新有了一次纠正前次错误的机会。凯恩斯显然更懂得其中的道理。

凯恩斯所面对的是英国世界霸权更严重的衰退。战争中,英国更加严重地依赖于美国的外债。此时,无论是从政治、经济还是军事方面,美国都毫无疑问地成为新世界的霸主。凯恩斯对此了然于心。他要做的是,首先让美国承担与其政治、军事和经济实力相称的国际责任,其次,在这个新的世界体系中最大限度地维护英国的国家利益。

其中最关键的是新的国际秩序的重建,而英国只有在建立了一个良好的新国际秩序中才能最大限度地实现自己的利益。很显然,这种思路恰恰是凯恩斯在巴黎和会中的态度。一个良好的新秩序将实现共赢,而暂时的压抑民族国家的私利,从一种更为宽广的世界眼光来考虑战后世界秩序才有希望建立这样一个新的国际秩序。

与这种秩序观对应的则是自亚当·斯密以来的自生自发秩序观。对于国内的经济问题,自由市场的迷信者相信无需政府的干预,市场就能够自动完成最有效率的资源配置。在国际贸易方面,自由市场派也相信国际贸易也能够自动地进行调节,从而达到某种平衡,因此反对英国早期奉行的重商主义传统,强调自由贸易。

当然,自生自发的市场秩序在资源配置方面具有基本的优势,这一点无可否认,尤其是将其与政府包办资源分配的苏式社会主义进行对比后,更能够凸显这一点。但是通过市场的自发秩序达成均衡状态,却是有条件的。凯恩斯指出资本在市场上的流动并不完全是自由流动的,具有某种黏性,并且市场对某些突变性因素的反应要比个人迟钝得多。个人如何分配消费和储蓄之间的关系,不但取决于货币的利率水平,同时也取决于个人对未来预期的确定性等多种因素。因此,储蓄未必就会直接转化成投资,从而为失业的工人提供新的工作岗位。故而,哪怕是国内市场,也需要政府通过大型工程的投资等方式,做一些私人投资者出于成本收益考虑而不愿做的事情,促进国内工人的就业,确保经济的繁荣。

对于国际的贸易体系来说,同样存在着类似的问题。缺乏共同的规则与机制的国际贸易体系,各个国家很难单独应付各种突如其来的外部打击,因为各个国家之间的经济其实已经紧密地联系在了一起。在一战之前的金本位制下的国际贸易秩序,既有各国银行家联合拯救巴林银行的成功案例,也有一战后互相拆台和猜忌的沉痛教训。这表明这种自然调节的机制,完全依赖于主权者个人的“信用”和“性情”,是不稳定和不可靠的。

两次世界大战意味着痛苦的青春期转变,就像一个人,在物理意义上进入了青春期之后,同样面临着整个心理和智力的痛苦转变,从而慢慢学会成人世界的规则。两次世界大战无疑是在这个由技术促成的新的物理的全球世界中的一次痛苦的自我调节和自我适应。

这个新的世界,首先最需要的是一些必须共同遵守的新的规则和制度,来约束以主权国家面貌所出现的“个人”的自私行为,就像在自然状态下的一切人与人之间的战争状态。脱离了一切主权个人与一切主权个人战争之自然状态的国际秩序中,强者在获得利益的同时,也必须承担相应的责任。具体表现就是凯恩斯所设想的,美国通过债务减免和提供贷款,帮助西欧各国避免通货紧缩和通货膨胀,促使世界经济的复兴,而美国的这笔援助资金在发挥效果之后,复兴的西欧经济建设也就有可能向美国进口各种各样的产品,从而也大大地推动了美国经济的繁荣和发展。

其次,这个世界也要建立起一套机制。当不同的主权“个人”之间发生一种恐怖的传染病时,就像1929年美国的经济大危机,如同传染病迅速扩散到世界各地,从而形成集体感染的局面,应该有一个机构在这种情况刚刚出现时,就能够出面来解决这个问题。

当然,要做到这两点,就必须面对现实,根据各个主权“个人”的实际情况给予其在这个新的国际秩序中相应的初始位置。显然,无论是联合国的建立,还是作为布雷顿森林体系基础的国际货币基金组织与世界银行的建立,都是这种机制建立的重要标志。

经过第一次世界大战以及战后乱局的历练,西方的主要主权“个人”们,尤其是英国和美国这两个最重要的强国,显然已经切实地感受到了凯恩斯所指出的这种国际新秩序的重要性,因此凯恩斯的基本思路很快地被两个国家的政治家们所接受。接下来的问题,便是如何平衡两个霸权国家之间的利益。这种平衡显然是在布雷顿森林里英美两个国家代表团谈判的重点。这种谈判的基础是两个国家的实力对比,对此,作为英国代表团的灵魂人物凯恩斯早就了然于心,同样美国人也清楚得很。

由于一战后西欧重建的失败导致的苏俄与东欧的共产主义化,使得二战后的这个世界秩序的重建仅仅取得了部分的效果。以意识形态为背景的美苏争霸直接将整个世界拖入了冷战的格局之中。因此,凯恩斯所参与和主导设计的这个战后新秩序的效果,主要体现在西方世界之中。

接受英国世界霸权地位的这个由原先英国在北美的13个殖民地按照宪法建构起来的联邦制国家,给世界秩序带来了另一个改变,便是英帝国赖之以支撑的殖民地经济模式的崩溃。也许是前殖民地时期的历史记忆,或者是脱离殖民地后平等联邦制的宪法经验,美国所理解和设想的战后国际新秩序是建立在法律的基础之上的。美国扮演的世界警察的角色,使得原先各个主权"个人"用以争霸的最重要工具——海军,此时已基本无用武之地,失去了其世界历史的意义,而仅仅具有国防意义和维持地区均势的意义。而在此之前,海军对国际贸易的意义不言而喻:

在那种条件下,国际贸易纠纷、海外产权纠纷的解决方式也很简单:用武力。那时并无正式的国际法可言,虽然伦敦、阿姆斯特丹、纽约到1800年都已经有了股市,但股票投资还不成气候,因此那时候的海外产权主要有两种:海外直接投资项目和债务,保护海外产权也主要有两种方式,要么投资者自己有军队,要么由投资者所在国的政府派军队去夺回产权。

以当年海洋贸易公司最有代表性的公司——英国东印度公司为例,该公司成立于1600年12月,其宗旨是从事印度洋和大西洋贸易。从一开始,东印度公司的贸易船只都有重兵压阵,在当时没有任何国际法、国际法院,也没有多国公认的"国际惯例",跨国贸易公司的利益都只能由"枪杆子"打出来,并由"枪杆子"来保护。

……

在不存在“世界政府”和“世界警察”的情况下，直到1907年仍被普遍认可的一种执行跨国合约，保护海外产权的方式仍还是使用武力，以强制性武力来维护国际秩序。于是，那些弱小的国家对国际秩序无发言权，而那些军事强大的国家都把“武力执行合约，武力保护产权”看成是债权国必有的一种权利。因此，当一个国家因另一国家的政府（或公司）赖账或者侵占其在海外的产权而发动武力攻击时，其他国家会认为这是理所当然的事。[1]

早在1907年的第二届海牙国际和平会议，就通过了由美国倡议的关于解决跨国债务纠纷的协议：

根据该协议，任何债权国不能以武力去另一主权国讨债，而是要求债务、债权国家双方首先必须寻求并最终接受国际法院的仲裁。从此，这就结束了持续几百年的“武力讨债是债权国的一种权利”的国际惯例。从那以后，靠武力攻打他国讨债已不再是国际上被普遍接受的行为。[2]

很显然，美国接手世界霸权，国际货币基金组织和世界银行，包括WTO等新的国际机制的建立，大大改变了英国治理下的这个全球

1 陈志武：《为什么中国人勤劳而不富有》，中信出版社，2010年。
2 陈志武：《为什么中国人勤劳而不富有》。

世界的旧游戏规则,使得新的全球世界逐渐接受和适应一套全球性的规则和法治体系的约束。原来的那种国际自然状态下最有效却也是最无奈的武力解决方式,逐渐地被限制和束缚。而第二次世界大战之后,英国、法国等老牌殖民国家的旧殖民体系崩溃,各殖民地纷纷独立,成为新的主权国家,不过是这种旧的殖民体系的世界秩序转向新的国际秩序的一个过程和突出表现而已。

五、中国的童年创伤和世界眼光的重塑

1840 年的鸦片战争使得中国逐渐在物理上被拖入了这个新的世界体系之中。但是,这个被动进入世界体系的过程,是一个惨痛和不堪回首的童年创伤。当时的世界体系仍然是英国霸权下的殖民世界体系,虽然格劳秀斯的国际法理论已经为这个主权"个人"的自然世界提供了一种类似于自然法的世界法规则,但是使用武力仍然是这个国际体系通行的规则。

已经有许多历史研究揭示,中国在被迫进入这个世界体系中,由最先的傲慢自大到后来主动学习新的国际法规则,由幼稚地信赖这个国际法体系到后来受骗后的激动和委屈,以及在包括巴黎和会等多次国际会议中的屈辱经历,此时的国际秩序的现实给现代中国的成长带来了无数的童年创伤体验。这种童年创伤体验通过教科书等各种教育方式被传递给了一代又一代的中国年轻人。因此,中国的年轻人,包括未来的政治家和理论家,对于二战后国际秩序的转变及其所蕴含的深刻意蕴,仍然体会不深。由这种童年创伤体验所带来

的对国际丛林规则的体认和国家主权被刺破的恐惧，主宰了这些人敏感的心灵。这样一种过度强调的受害者心态和创伤体验，已经封闭了整整几代中国人的对整个未来秩序的想象力和理解力，对于中国实质性地融入和参与于向东所提出的第三个国际秩序，是一个重要的心理和文化的障碍。

我们能够走出这个心理的阴影，打开心灵，勇敢地去开拓这个新世界吗？

也许只有未来的历史能够回答这个问题。

Ⅲ

帝国的启蒙

——凯恩斯与新世界秩序

因此我情愿牢牢地盯住过去，以提醒读者我们是怎样过来的，目前的现象是怎样的，以及过去我们所犯错误的性质。

——凯恩斯

一、帝国、英雄与悲剧

1946年的复活节(4月21日)，凯恩斯离开人世。斯基德尔斯基在《凯恩斯传》的最后一章详细地记录了凯恩斯最后的岁月。令人惊异的是，就在3月份，他还作为国际货币基金组织和世界银行的英方董事，经过长途的航海旅行，来到美国乔治亚州的萨凡纳城参加两个组织的开幕式。在参加战后两个最重要世界组织的开幕式期间，凯恩斯不但代表英国做了才华洋溢的演讲，还同美国人就国际货币基金组织和世界银行的总部地址，以及基金的操作方式进行了艰苦的谈判。这次谈判几乎耗尽了他所有的力气，因此当3月27日他回到英国财政部上班时，他的面色差得让人吃惊："他不但面色惨白，而且瘫坐在椅子上，非常温和，似乎他已经不能对日常事务重新感兴趣了。"[1]

从斯基德尔斯基所作传记里的记载来看，凯恩斯离开人世时，心情似乎还是挺愉快的。那是一种刚刚很漂亮地完成一份艰难工作后的难得的轻松和愉快。然而，恰恰是由于这份过于艰难的工作，对凯恩斯本已衰弱的身体造成了一次又一次的强烈损害，终于耗尽了他最后一丝元气。几乎可以说，凯恩斯能够坚持到谈判基本结束，并参加完国际货币基金组织和世界银行的开幕式后才撒手人世，也是靠着坚强的意志和信念的支撑才得以可能的。

从1941年凯恩斯代表英国参加与美国就"租借法案"的谈判以来，凯恩斯几乎全程参加了英美围绕战争费用和债务，以及战后整个世界经济体系安排的谈判，并在这一系列谈判中发挥了关键的领导作用。[2] 在第一次赴美参加谈判前，他就预见了谈判的困难——"但这个任务很困难，而且没有什么好处。气候也非常恶劣，一定会很吃力"[3]。

---

1 ［英］罗伯特·斯基德尔斯基：《凯恩斯传》，相蓝欣、储英译，生活·读书·新知三联书店，2006年，第881页。

2 第二次世界大战爆发以后，凯恩斯总共六次访问美国，参加谈判，1941年是第一次，最后一次是1946年，其中四次是在战争期间。

3 ［英］罗伯特·斯基德尔斯基：《凯恩斯传》，第681页。

由凯恩斯参与和领导的,从 1941 年开始一直持续到战后的这系列谈判之所以特别的艰难,是由于随着战争的深入,英美的实力对比发生了明显而实质的变化。就实力而言,美国人已经成了世界的霸主,而大英帝国已经没落,只是许多英国人还没有真正感受到(更不要说接受和习惯)这一点而已。事实上,自第一次世界大战开始,英美之间的实力就已经悄悄发生了变化。第一次世界大战严重削弱了英国的实力,使英国从一个债权国变成了债务国,而美国则从债务国变成了债权国。英国与法国欠美国的战争债务,极大地影响了《凡尔赛和约》的内容——英国人和法国人都想最大限度地从德国人那里得到赔款,用来还欠美国人的债务。而美国人对英国人和法国人欠他们的债务则紧咬不放。[1] 再加上法国人试图通过《凡尔赛合约》最大限度地打击和压制德国人的决心,使得《凡尔赛合约》最后不顾德国在整个欧洲经济结构中的关键地位,规定了远远超出德国偿款能力的赔偿数额,并对德国战后的经济行动进行了种种过于严苛的规定。[2] 《凡尔赛合约》关于战争赔款和债务问题的规定,严重扭曲了第一次世界大战后世界经济的结构。1929 年的经济大危机的爆发,与当时整个世界经济结构的扭曲也有着紧密的关系。[3] 同时,希特勒领导的纳粹政党的上台,并挑起第二次世界大战,其背后也有着很强的经济根源。[4]

1929 年的世界经济大危机,对整个世界经济都造成了极大的损

1　[英]约翰·梅纳德·凯恩斯:《和约的经济后果》,第 188 页。
2　[英]约翰·梅纳德·凯恩斯:《和约的经济后果》,第 22—28 页。
3　[英]约翰·梅纳德·凯恩斯:《和约的经济后果》,新版序言,第 1 页。
4　[英]罗伯特·斯基德尔斯基:《凯恩斯传》,第 725 页。

害。其中,对英国的打击尤其大。在 1929 年经济大危机的冲击下,英国不得不放弃金本位制,拱手让出世界经济的领导权。这意味着以伦敦为金融首都的旧世界经济秩序彻底崩溃了。英美两国应对危机的思路,也体现出两个国家经济实力对比的变化。此时美国的工业革命已经完成,整个经济体系日益完整而成熟,生产能力已经跃居世界第一。因此,美国的产品日益需要在整个世界范围内寻找市场,必然要求扩大在整个世界贸易中的份额。此时美国经济思想的主流是开放的自由市场学说。因此,美国应对大危机的国际贸易原则是"无条件最惠待遇原则",其实就是完全开放的世界市场体系。而英国的经济形势却在走下坡路,在以化工和重工业为特征的第二次工业革命中,英国的创新能力已经落后于美国与德国,英国产品的国际竞争力和出口能力都在下降。[1] 英国主流的经济学思想逐渐从原先亚当·斯密的自生自发的经济秩序转向以民族国家为单位的国民经

1 关于英美两国自 1870 年以来在国际贸易总量中份额的变化,参见雷克提供的一份数据:

	美国		英国	
	占有世界贸易份额	相对生产能力	占有世界贸易份额	相对生产能力
1870 年	8.8	1.22	24.0	1.63
1880 年	8.8	1.29	19.6	1.50
1890 年	9.7	1.37	18.5	1.45
1900 年	10.2	1.42	17.5	1.30
1913 年	11.1	1.56	14.1	1.15
1929 年	13.9	1.72	13.3	1.04

David A. Lake, "International Economic Structure and American Foreign Economic Policy, 1887-1934", *World Politics*, Vol. 35, 1983, pp. 517-543.
该数据转引自张振江《从英镑到美元:国际经济霸权的转移》,人民出版社,2006 年,第 42 页。

济学。[1]

因此,面对1929年的世界经济危机,美国提出的国际贸易对策是完全开放的世界市场体系,而英国提出的策略则是有限度开放的世界市场——所谓有限度开放的世界市场,一个简单而直白的政策含义,就是英帝国内部的自由市场,也就是英帝国内部的特别优惠制。而所谓英国特惠制,就是:"英国答应给予来自帝国内部的食品和其他一些特定重要商品以优惠,而各联邦国家则答应在增加进口关税时给英国以例外。"[2]

英美两国围绕着无条件最惠国待遇原则与帝国特惠制两大国际贸易原则的斗争,在1941年前以租借协定为主题开启的系列谈判之前,就已经很激烈了。但在第二次世界大战之前,英国仍然握有整个世界政治的领导权,因此虽然美国的经济实力占优,但并没有占据太多的政治优势。[3] 但第二次世界大战的发生,又再次加速了英美两个大国经济实力的逆向变化过程。战争爆发以后,英国的财政状况持续恶化,尤其是敦刻尔克大撤退后,英国虽然成功地撤退了大量的战斗及后勤人员,但也抛弃了大量的武器装备。为了将战争坚持下去并最后赢得战争的胜利,英国迫切需要美国的大力援助。从政治上

---

1 第一次世界大战以后,放弃亚当·斯密所开创的自由放任的经济学传统,逐渐增强政府对经济活动的管制是大势所趋。凯恩斯本人的经济学思想,也经历了同样的过程。这实际上反映了英国在整个世界贸易格局中地位的变化。对于1870年以前的英国来说,英帝国就是世界贸易本身,因此奉行自由放任的世界贸易政策,最符合英帝国的利益。自1870年以后,英帝国的世界贸易份额逐年下降,已经很难独自撑起世界贸易的格局,而萎缩为世界贸易的局部组成部分,因此奉行自由放任的世界贸易政策,对英国就是不利的。一战前后,英国开始尝试关税政策,恰恰就是对世界贸易新格局的艰难适应。

2 张振江:《从英镑到美元:国际经济霸权的转移》,第46—47页。

3 张振江:《从英镑到美元:国际经济霸权的转移》,第27—150页。

讲,美国也看到了援助英国的各种重要性,但迫于美国国内政治的特点,以及国内强大的经济民族主义势力的牵制,一直没有出手大力援助英国。随着形势日益危急,从 1940 年“驱逐舰外交”开始,美国逐渐加大了援助英国的力度。1941 年,罗斯福创造性地提出了“租借外交”的概念,从而使得大规模援助英国在政治上变得可行。于是接下来的任务,就是由英国和美国谈判租借法案的具体内容与形式问题。[1] 凯恩斯于 1941 年启程赴美参与的谈判的任务,就在于此。

对英国来讲,这注定是一场非常艰难的谈判,而谈判最好的结果是将英美两国国际贸易方面的恩怨与战争借款的问题分开,就借款问题谈借款问题,以最小的代价获得最大优惠的借款条件——最好是免费无息的借款。珍珠港事件后,英国甚至想过由美国人建立起一个共同的资源库,从而淹没租借协定的细节问题。但这无疑是一厢情愿的想法。美国人掌握钱袋子,因此美国人的意志在谈判中才是决定性的。而美国人坚持要将二者联系起来考虑,将英国在国际贸易方面作出的让步看作签订租借条约内容的先决条件。在英国人看来,这无疑带有趁火打劫的性质,但反过来说,哪怕英国人不愿意,这也是他们不得不面对的现实。英美围绕租借协议的谈判,最核心的争议是第七条。租借协定第七条的初稿内容如下:

> 经双方最后决定,英国从美国接受防务援助以及美国由此所获得的利益应当以不为两国间的贸易造成负担为条件,而是应当促进两国间互利的经济关系以及世界范围内经济关系的改

1 张振江:《从英镑到美元:国际经济霸权的转移》,第 176—187 页。

善;它们要求英美两国都要反对任何针对原产于对方国家产品的进口歧视;双方将为达到上述目的而采取有关措施。[1]

据说,凯恩斯在读到这一条时,反应非常激烈,以至于要为自己的失态向美方谈判代表艾奇逊道歉。第七条方案公布给英方之后,凯恩斯就拿着这个方案回到伦敦,谈判宣告中止。[2] 此后,在 1941 年 8 月罗斯福与丘吉尔两位国家首脑第一次战时会晤,签订《大西洋宪章》时,又围绕战后贸易体制的安排做了一次激烈的斗争。斗争的焦点仍然是英国的帝国特惠制的问题。《大西洋宪章》发布之后,美国不断向英国施加压力,逼迫英国对租借协议第七条表明态度。英国则一方面在内部加强对第七条的研究,同时尽量拖延时间,以拖待变。但美国咄咄逼人的姿态,以及客观的战争局势,最后还是逼迫英国不得不对美国的要求作出明确而具体的回应。经过一番艰苦卓绝的谈判努力,最后英美两国围绕租借谈判所达成的协议最大限度地维护了英国的利益,尤其是罗斯福总统明确向丘吉尔首相表态,其中所用的"歧视"一词并不针对帝国特惠制。但第七条仍然保留了"致力于废除国际贸易中任何形式的歧视对待和削减关税以及其他形式的贸易壁垒"的条文,这表明仍然是美国的意志占据优势。[3]

没有参加谈判的外人也许很难理解谈判过程中凯恩斯复杂的心情和坚定的信念。租借谈判的艰难,使得凯恩斯清晰地看到美国主导战后世界秩序的决心和能力。凯恩斯明白这已是大势所趋。因此

---

1 张振江:《从英镑到美元:国际经济霸权的转移》,第 187 页。

2 张振江:《从英镑到美元:国际经济霸权的转移》,第 187 页。

3 张振江:《从英镑到美元:国际经济霸权的转移》,第 188—219 页。

一味地抗拒、回避这个潮流,是毫无益处的。因此,英国必须调整自己的谈判策略。如果说二战前英国选择拖延和回避政策是正确的,因为当时英国还占据着政治优势,以及诸多的有利条件,则租借协定的签订过程表明,形势又发生了实质性的变化,英国不但不应该拖延,还必须主动参与到二战以后世界经济秩序的设计和重建过程中,以此最大限度地赢得战略的主动权,维护英国的利益。因此,租借协定谈判后不久,凯恩斯就开始着手认真考虑战后世界经济秩序的设计问题。凯恩斯考虑的出发点是,如果英国人接受了美国人提出的取消特惠制则如何确保英国经济的安全。[1]

在战争结束前,为战后整个世界的经济秩序进行预先的设计,从而将这个世界从战争和革命的泥潭中拯救出来,使旧大陆的欧洲人能够继续享受繁荣、自由的生活条件和生活方式,因此也就是在挽救伟大的欧洲文明传统。这种想法和行为带有很强烈的个人英雄主义的味道,推崇自生自发经济秩序,反对人为理性设计的老对手哈耶克一定不会欣赏,或许哈耶克会将其看作好莱坞式的美妙幻想,但这符合才华超群的高材生凯恩斯的性情。

事后看,我们又不得不承认,这种好莱坞英雄片的情节,果然确实就在这个伟大的转折时刻,由一两个伟大的历史人物令人惊异地上演并完成了。就大英帝国在二战后不断从全球体系中收缩,最后从一个世界帝国萎缩成一个欧洲强国的命运而言,这是一个悲剧故事。从凯恩斯个人而言,戴着大英帝国鼎盛时期的光环而来,最后不得不理性却又屈辱地亲手埋葬大英帝国的荣耀时,其内心所经历的

1 [英] 罗伯特·斯基德尔斯基:《凯恩斯传》,第 726 页。

复杂情感，以及随同帝国荣耀一起殉葬的命运，这仍然是一个悲剧。然而，与历史上那些更为屈辱地灰飞烟灭的大帝国相比，能够在临死之前主动而又尊严地选择信得过的接班人，安排好身后事再放心地离开，又何尝不是一种幸运？就此而言，大英帝国与凯恩斯的故事，似乎又改变了自古希腊一直到莎士比亚以来所形成的悲剧传统与观念。

设计新秩序的前提是对旧秩序的正确理解——旧秩序成立的前提和基础是什么？其缺陷又是什么？是什么原因导致旧秩序不再有效？旧秩序与新秩序之间的联系是什么？旧秩序又为新秩序的设计和形成提供了那些重要的条件、限制和启示？

虽然新秩序设计的内容是向前看，但向前看的条件正是向后看的能力，是反思旧秩序的能力。旧世界的秩序是以英国率先完成政治革命与工业革命，以强大的海军势力保驾护航所建立起来的殖民体系为基础支撑起来的世界贸易的秩序。毋庸置疑，这个殖民体系是以自由主义政治哲学为基础和内涵的，因此大英帝国也内在地是一个以自由经济为特征的“自由霸权国”。这种自由霸权国的殖民体系扩张，很大程度上也将大英帝国的代议制政治、法治传统、工商社会的生活方式带到了世界的各个角落。通过建立庞大的“日不落”殖民帝国，英国人给世界打上了很深的盎格鲁-撒克逊烙印，也改写了帝国一词的含义。[1]

然而，大英帝国的吊诡之处在于，它既是一个庞大的帝国，同时又是一个比较典型的现代民族国家。作为首脑和帝国首都的英国与

1　参见弗格森《帝国》，雨珂译，中信出版社，2012 年。

其海外广大的殖民地结合在一起，成就了大英帝国，英国本土与海外殖民地之间形成的是不平等的政治与经济关系。同时，英国成功的模式也刺激了其他后起的现代民族国家，例如法国、德国、俄罗斯、日本的效仿，因此随着这些国家相继完成工业革命——甚至更为彻底的工业革命之后，他们同样要求建立起自己的海外殖民地作为工业品的销售市场，他们也希望建立起他们自己的同样强大的现代海军。对于大英帝国治理下的现代国际体系来说，海军建设具有关键性的军事意义。因此，大英帝国领导下的旧世界秩序，其逻辑若发挥到极致，必然会淹没这个旧秩序本身。[1]

因此，新世界秩序首先必须克服狭隘的民族主义情结，以“更高层次的国际谅解、合作和信任为条件”。这就意味着，第二次世界大战结束后，再也不能继续巴黎和会曾经有的那种和谈逻辑了——第二次世界大战爆发后，《凡尔赛和约》的失败是如此显而易见，更加显示出凯恩斯的远见卓识和卓然而立。

其次，第一次世界大战结束后，世界经济的无政府状态必须被终止。第一次世界大战后世界经济秩序的特征是，以英国伦敦金融城为象征的旧世界经济秩序模式已经逐渐失效，但新的世界经济秩序的模式和逻辑却还没有完整地显现出来。因此整个世界经济秩序显得缺乏秩序。

这种情况尤其出现在1929年的经济大危机爆发之后。1931年，奥地利银行信用破产，造成大量的挤兑现象，随后波及德国银行，造成德国多家主要银行破产。此后，这种恐慌情绪又波及英国，在两个

---

1 参见泮伟江《从殖民时代到全球化时代：如何理解全球化新秩序》。

月内,各国从英国银行取走了半数以上的存款,造成英国黄金大量流失。英国不得不放弃了金本位制。两年后,美国也放弃了金本位制。此后,各国纷纷通过管制汇率和关税,采取各种方式限制进口和加强出口,尽量将危机转嫁到其他国家,最大限度地保护本国的工业、投资、物价与就业水平。然而这种"以邻为壑"的经济政策"不但没有对国内经济的回复起到应有的作用,反而导致整个国际贸易限于停滞状态"[1]。的确,世界经济需要一个新的领袖和秩序,而当时似乎只有美国有实力为世界带来这种新的秩序,充当新的领袖。关键是,这样做对美国也是有利的。

当时在英美政治圈中流传着一个说法,即"美国的孤立主义政策是两次世界大战之间国际经济和安全体制崩溃的主要原因之一"[2]。凯恩斯显然也认同这个说法,并以生动贴切的比喻说明这一点:"英国是19世纪国际交响乐队的总指挥。第一次世界大战后,英国已不再有能力担当指挥的重任,所以这个交响乐团分裂成几个不再相互协作的小乐队。"[3]

凯恩斯具有"神一样的直觉能力"。他并不仅仅将国际经济秩序当作纯粹的经济问题看待,而是深刻地洞察到繁荣的经济秩序同时也是民主政治秩序的基础,而非其后果。因此,19世纪末20世纪初产生的共产主义式样的左倾浪潮,在某种意义上确实如马克思所强调的,有其深刻的经济根源。事实上,第一次世界大战以后糟糕的经济形势,对英国的知识分子已经产生了深刻的影响,许多高级知识分

1　张振江:《从英镑到美元:国际经济霸权的转移》,人民出版社,2006年,第44页。

2　[英]罗伯特·斯基德尔斯基:《凯恩斯传》,第725页。

3　[英]罗伯特·斯基德尔斯基:《凯恩斯传》,第725页。

子的思想当时就已经开始左倾化和社会主义化了。毫无疑问,“希特勒可以被视为是对经济大萧条给德国带来的极端恶果的一种极端反应”[1]。让凯恩斯尤其担心的是,如果欧洲的资本主义经济无法形成有效的自我纠正能力,形成稳定和繁荣的经济格局的话,那么不但德国会演变成纳粹式的极权专制政体,且英国的自由主义代议制政体也将会遭到根本性威胁。从根本上说,第一次世界大战以后凯恩斯所发展出来的一整套宏观经济学,承担了一种非常了不起的历史任务,就是在传统的自由放任的资本主义市场经济体系日益显示出弊端和时代不适应性的背景下,在主张全盘推翻资本主义经济体系的苏俄式的社会主义理论之外,为西方文明世界提供另外一种选择,恢复西方人对资本主义经济体系的信心。由此可见,在两次世界大战期间逐渐形成和发展,最后由《通论》完整表述的这一套后来被称作凯恩斯主义的宏观经济学,具有非常深刻的政治内涵,典型地体现了政治与经济理论之间的本质联系。

由此看来,第二次世界大战以后对新世界经济秩序的设计和重建,具有重大而深远的政治意义。凯恩斯对此当然深有体会,心知肚明,当然,当时也不止凯恩斯一个人有这样的想法——相对于巴黎和会,这次可以做得更好。

凯恩斯设计战后国际经济秩序,有两个重要的原则。一是必须打破美国的孤立主义政策,将新大陆和旧大陆的经济紧密地联系起来,并且让美国承担起战后领导世界的责任。二是必须吸取《凡尔赛和约》的教训,放弃复仇哲学,更为理性地理解日益“全球化”的世界

---

1 [英]罗伯特·斯基德尔斯基:《凯恩斯传》,第725页。

政治与经济秩序。这也就意味着,在战后世界经济秩序的重建过程中,债权国要比债务国承担更重要的责任。这两个原则其实是一致的,说白了,就是要让美国在第二次世界大战后承担起重建秩序的领导责任。凯恩斯认识到“英国的长远利益要求英国作出这样的安排,即使这意味着它有时必须承受一定的屈辱”[1]。作为一位出生并成长于维多利亚时代的英国中产阶级之子,凯恩斯对大英帝国巅峰时期的那种恢弘场面的记忆仍然非常清晰,对帝国的感情恐怕也是一言难尽。因此,哪怕在这种艰难的局面下,利用自己非凡的能力,最大限度地捍卫和争取英帝国的利益,就成了凯恩斯不得不作出的理智选择。对帝国的这种深沉的感情与谈判过程中所经历的艰难和屈辱,二者对凯恩斯的心理所造成的沉重压力,很大程度上摧毁了凯恩斯本已脆弱的身体。

二、凯恩斯的劝说与教育事业

对于像凯恩斯这样伟大的人物来说,头脑风暴一下,为第二次世界大战设计一份新的宏伟蓝图,并不是一件太难的事情,难的是如何让这份蓝图变成现实。一个很现实的困难是,必须教育和说服老帝国接受光荣退隐的现实,同时又要让新帝国能够主动地放弃一些小利益,承担起领导世界的责任。这无疑是一个充满极大艰难困苦的工作。对于老大帝国来说,让它主动放弃过往领导世界的荣耀,放弃

1　[英] 罗伯特·斯基德尔斯基:《凯恩斯传》,第 726 页。

拯救帝国虚荣的救命稻草——帝国特惠制，调整角色与状态，重新学习和适应战后在美国领导下新世界秩序的逻辑，并且重新定位自己的位置，是一件既为难又困难的事情。对于缺乏领导世界的经验、知识和视野，长期偏安一隅，奉行孤立主义政策的美国而言，让他放弃习惯的角色和政策，放弃熟悉的利益，而承担在他们看来过大而与己无关的世界责任，也是艰巨而困难的。要完成这个工作，需要的也许不仅仅是古典哲人所拥有的政治教育的技巧。

哲学家与政制之间的关系，或者说，哲学家与人民之间的关系，是自苏格拉底之死以来的一个老问题。古希腊雅典城邦的民主制度，是古代世界最成熟、最有活力的民主制度。在民主制的背景下，政治家要掌握权力，就必须掌握劝说民众的技巧——修辞学。因此，在雅典城邦最巅峰的时期，即伯里克利时期，教授修辞技巧的智者们很有市场。政治哲人苏格拉底在当时，也被人们当作是教授辩论与修辞术的智者。而事实上，苏格拉底也许确实起到了最优秀智术教师的作用——例如他的学生阿尔基比亚德，从苏格拉底那里学会的最有力的武器，就是修辞学的武器，尽管苏格拉底更想教会他如何控制欲望的理性能力。在智术教师那里，修辞和演讲的能力，不过是一种驯兽术的能力，对此苏格拉底的学生柏拉图在《理想国》里有非常形象生动的比喻：

> 这些被政治家叫做诡辩派加以敌视的收取学费的私人教师，其实他们并不教授别的，也只教授众人在集会中所说出的意见，并称之为智慧。这完全像一个饲养野兽的人在饲养的过程

中了解野兽的习性和要求那样。他了解如何可以同它接近,何时何物能使它变得最为可怕或最为温顺,各种情况下它惯常发出几种什么叫声,什么声音能使它温驯,什么声音能使它发野。这人在不断饲养接触过程中掌握了所有这些知识,把它叫作智慧,组成一套技艺,并用以教人。至于这些意见和要求的真实,其中什么是美的什么是丑的,什么是善的什么是恶的,什么是正义的什么是不正义的,他全都一无所知。他只知道按猛兽的意见使用这些名词儿,猛兽所喜欢的,他就称之为善,猛兽所不喜欢的,他就称之为恶。他讲不出任何别的道理来,只知道称必然的东西为正义和美的。他从未看到过,也没有能力给别人解释必然者和善者的本质实际上差别是多么的大。

……

有人认为无论在绘画、音乐,还是甚至政治上,他的智慧就是懂得辨别五光十色的人群集会时所表现出来的喜怒情绪,那么你觉得他和上述饲养野兽的那种人又有什么分别呢?[1]

正是由于雅典民主制的这种根本性缺陷,使得柏拉图对民主制进行了深刻的批判和根本性的颠覆,并且提出了他著名的"哲学王"的形象。然而,柏拉图的"哲学王"并没有改变苏格拉底介入现实政治失败的命运——他本来是希望在叙拉古建立一个理想和完美的城邦,结果却是自己被当作奴隶放在市场上出卖。苏格拉底和柏拉图

---

1 [古希腊]柏拉图:《理想国》,郭斌和、张竹明译,商务印书馆 1986 年 8 月第 1 版,第 242—243 页。

师徒的命运表明,无论是在民主制度下,还是在专制体制下,哲学家似乎都很难对政治产生直接的影响。哲学家似乎缺乏足够的现实感和适应能力,将自己的方案真正地变成真实世界运行的规则。因此,柏拉图的学生亚里士多德从现实政治中隐遁了,他通过一种更加间接的方式介入政治——做一个帝王师,通过教育未来的帝王即王子,来改变未来的君主,从而实现自己的"哲学王"理想。亚里士多德似乎实现了柏拉图的理想,因为他成功地教育了亚历山大,使他成为一位成功的"哲学王",推动了希腊文明的全面繁荣和扩张。因此,自古至今,哲学家的最高理想,似乎就是由柏拉图描绘的,由亚里士多德所曾经实现的,做一个帝王师,把未来的君主培养成"哲学王"。通过这种方式,哲学家实现了对现实世界的干预。

作为一位有着哲学头脑的经济学家,或者有着现代经济学技能的哲学家,凯恩斯似乎是在一个全新的环境中,以一种全新的工作方式来实现自己的目的。凯恩斯所在的英国,有着悠久的宪政传统,形成了君主与贵族混合统治的良好宪政结构。1640 年革命发生以后,君主的统治被推翻,经过一段很长时间的反复和震荡之后,1689 年的光荣革命使其逐渐形成了新的君主立宪政体,国家主权被转移到议会下院。这种趋势不断加强,逐渐发展出了议会内阁制政府。凯恩斯出生和受教育的时代,离 1689 年的光荣革命,已经有两百多年的历史。在这两百多年的时间中,英国的政治结构和社会结构,发生了翻天覆地的变化。虽然维多利亚女王拥有崇高的威望,对英帝国的决策机制拥有强大的影响力,但议会的下院掌握着国家主权,由议会控制的内阁掌握国家政策的最高决策权,这样一套机制的稳定性与有效性,已经毫无疑问。

随着工业革命的推进和产业工人阶级的兴起,以及选举制度的不断改革,工人阶级和下层人士对议会选举的影响力越来越大,光荣革命后的贵族制的君主立宪政体又受到民主大潮的激烈冲击,在这种冲击下英国工人阶级获得普选权,开始组织自己的政党工党,并成功地把工党推上政治舞台,最终获得执政权从而达到高潮。

凯恩斯出生和成长的年代,英国逐渐向大众民主制转化的趋势已经很明显了,当时英国政府和英国政治仍然带有强烈的贵族制色彩。同时,即使是工党执政,也并没有发生激烈的革命,而是被既有的宪政结构与传统所吸纳,变成一种体制内的变革力量。这意味着真正掌握大英帝国这艘巨大航空母舰的,仍然是资产阶级的政治精英和知识精英——"在那个年代,投票人能够在阿斯奎斯(H.h. Asquith)和贝尔福(A.J.Balfour)之间选择由谁来掌控文官系统。该系统规模不大,考试科目似乎只有牛津和剑桥才能教授。在这样一种情况下,假定大英政府是掌握在一些知识精英手中,就情有可原了。"[1]

凯恩斯就出生和成长于当时英国资产阶级的知识精英阶层中,天生就属于当时大英帝国的统治阶级,因此似乎命中注定与大英帝国同呼吸,共命运。凯恩斯的父亲是剑桥大学的"著名哲学家、经济学家和学院管理者",而他的母亲,得益于19世纪的大学改革,则是剑桥最早的一批女学生,后来成为剑桥市的第一位女议员和女市长。凯恩斯的父母与当时剑桥大学和剑桥市的知识精英、政治精英有着

1　[加]D.E.莫格里奇:《凯恩斯传》,马春文、张峥译,长春出版社,2008年,第1页。

非常密切的关系,典型地体现了维多利亚时代知识精英所特有的那种恢弘气概和乐观气质,罗伊·哈罗德曾经将这种气质和精神概括成“哈维路信念”——“改革通过贤达人士的讨论实现;公共舆论必须受到明智的引导;英国政府由使用劝说方法的知识贵族掌控。”[1]

很显然,凯恩斯此后参与政治的热情,对大英帝国的那种特殊的忠诚感与责任感,在某种程度上确实可以从他的家庭环境和成长环境中得到部分的解释。这使得凯恩斯与英国掌权的贵族阶级拥有类似的阶级情感和身份自觉。对于普通大众的生活和情感,他既不熟悉,也不感兴趣,甚至还对大众拥有一种基于“智力成分”的歧视,因此在“真正讨论也许可被称为工人阶级问题时,他通常要犯心理学和经济学的错误。……对他来说,工人阶级比资本家或食利者更抽象”[2]。

然而,凯恩斯一定还是看到了民主化趋势的不可阻挡,及其对传统贵族制统治结构的冲击。这尤其体现在选举中的大众选票对政治决策者的决定和制约作用。在收入《预言与劝说》中的一篇名为“舆论的转变”的文章开头,凯恩斯如此描述当时英国的政治人物与大众选民的关系:

> 近代政治家们执政手法就是随声附和,民众要求什么,他们就主张什么,所实行的政策也是同民众所讲的那些要求保持一致。他们相信,依据愚蠢言论所实施的愚蠢行为,不久就会自行

1　[加] D.E.莫格里奇:《凯恩斯传》,第 2 页。
2　[加] D.E.莫格里奇:《凯恩斯传》,第 35 页。

> 暴露,到那时,他们就有机会丢掉这些愚蠢的政策而偷偷溜回到比较明智的政策,这就是蒙特梭利式的儿童教育法——儿童就是民众。他的所言所行,如果违反了这个儿童的意向,他就让位于别的老师。因而,对于刺耳的论调,有弊无利的行为,不妨称赞一下,甚至还可以加以鼓励;然而暗中却要保持谨慎,等待明智而仁慈的社会救星,一旦时机到来就突然转向,恢复固有理智。刚才是随声附和,现在是一旁静听了。[1]

就凯恩斯的这段描述来看,当时的政治决策者们对于民主化浪潮的正式到来,仍然没有做好充分的心理准备,也没有找到良好的应对之道,更多的是一种消极应对和回避的心态。大规模的现代民主社会的真实到来,既从治理的层面提出了许多尖锐的挑战,同时也提出了一个全新的政治教育的问题。就旧的统治精英和政治精英来说,对于登上政治舞台且掌握了重要政治权力的劳工阶级,如何对他们进行政治教育,从而训练他们形成成熟的政治意识和政治能力,是一个全新的挑战。现代工业社会的政治精英们,需要重新学习面对大众,对大众进行政治的教育和劝说。如此一来,苏格拉底与智者学派之间的分歧和斗争,必然会重新出现在现代民主社会。此外,现代工业社会的民主制与古希腊雅典城邦所代表的那种民主制之间,也存在着许多实质的差异。例如,相对于现代大型工业社会的民主制而言,雅典城邦时期的民主制更像是贵族制,因为当时拥有公民权的

1　[英]约翰·梅纳德·凯恩斯:《预言与劝说》,赵波、包晓闻译,江苏人民出版社,1998年,第36页。

人都是不从事实际生产的那些人，真正从事生产的劳工阶级在当时是不拥有公民权的奴隶阶级。另外，现代科技的发展，以及教育的普及，使得劳工阶级拥有更多的闲暇和接受教育的机会，从而现代民主制并不仅仅是一个向下堕落的过程，同时也是社会整体的知识水准不断向上提升的过程。在这个过程中，凯恩斯也看到了一种“公开劝说”，或者说“公开启蒙”的可能性。更令人兴奋的是，传统贵族制下的“私下劝说”与“公开劝说”之间甚至拥有了一种奇妙的相互关系。就凯恩斯的出身和社会地位而言，他无疑有着相当好的途径和方式进入到“体制内”，以一种直接的方式参与到决策与咨询的过程之中。对最高决策权进行直接的劝谏，无疑是最有可能产生直接效果的劝说方式。但凯恩斯同时也看到，决策者知识、能力与视野的缺陷，以及偏执的个性和利益的纠葛，往往使得决策者变得愚蠢，从而无法接受明智而直接的劝谏。从另外一个方面来看，统治者也许是明智的，但他的决策由于受到大众舆论的关注，从而不得不迁就选民的理性和议院，然而选民总是通过自己褊狭的个人经验来理解和判断问题，但决策者却是在一个更高的层次和更广阔的背景来思考问题，因此两者之间在知识和视野的落差使得选民的这种制约也往往可能是错误的。如此一来，公开劝说的手段又是必要的，也是重要的。

对于凯恩斯来说，两种劝说手段都是需要的。他要做的一个工作，是尽量化解两类听众之间的落差，尤其是知识层面的落差。通过启蒙运动以来的教育大众化，以及现代公共传媒手段的扩展，这种落差已经越来越小了。启蒙知识观本身就致力于消除这个落差，并且对这样一种前景是乐观的，但落差仍然大量存在。凯恩斯继承的也是这种启蒙运动所带来的理性和乐观精神,既承认现实落差的存在,同时也坚信通过知识的普及和像他这样的学者的努力,是可以不断缩小甚至消弭这种落差的。

他之所以如此自信的一个来源,就是启蒙哲学以来大量新知识的涌现,以及这些新知识所拥有的特性。英国是第一个几乎完全突破了古代世界的各种技术和规模局限,全面完成现代转型从而开创现代世界的国家。在这个世界里,个人与个人之间、民族与民族之间、陆地国家与海洋国家之间,突然间被一种新型的"物"——资本主义商品——联系起来,拥有了一种前所未有的全新关系。无论是被动还是主动,人类进入到了一个新世界之中。在新世界里,古典哲学家们所关系的那些永恒的人性问题仍然存在,但在新世界里问题的呈现方式显然也发生了重要的变化。除此之外,新世界的产生带来了一系列前现代社会中完全没有遭遇到的新的问题,因为新世界的许多运作逻辑是古典时代根本无法想象的,古典式的概念和智慧处理不了新世界的新问题。

因此,新时代的知识精英们自身的角色和地位,便也发生了许多根本性的变化。例如,处于古典学问边缘地位的经济学,逐渐变成了新时代学问的核心。这倒不是说,经济学因此就比古代的家政学变得更加高贵,毫无疑问,在古典政治哲学的映照下,它仍然是低贱的学问。低贱却必要,并且是极端重要,这是许多现代学问的核心特征。这意味着,新时代的哲人们,或者说能够代表这个时代的哲人们,或许必须掌握这些低贱、必要且极端重要的新学问,否则将丧失感受和回应这个时代的能力。

这才是我们观察和理解凯恩斯一生政治劝说实践时必须注意的历史语境。缺乏这个视野，我们就很难理解，为什么凯恩斯喜欢将“劝说”与“预测”联系在一起，也很难理解，凯恩斯的经济学与他的政治之间的内在联系——许多人正确地将凯恩斯的经济学概括成“政治”经济学。

在凯恩斯那里，经济学从来就不是一种纯理论的书斋式的学问，一种纯知识的兴趣。当凯恩斯 1905 年大学毕业时，他放弃了“经济学荣誉学位”，却选择了参加“公务员考试”，最后得到了财政部的一个职位。从此以后，凯恩斯与英国财政部结下了不解之缘。就凯恩斯早年在财政部的经历而言，也许《概率论》代表了他纯知识的兴趣，这是他在印度事务部打发时间最好的消遣。1907 年到 1908 年的冬天，他在给庇古写信时还声称自己如果回到剑桥，他的研究领域将是“逻辑和统计数据”。[1]

然而，凯恩斯生活的那个时代，经济学显然是一个其重要性仍然被多数人低估，但其对真实世界的影响力却以惊人的速度不断增加的时代。如果说亚当·斯密的自由贸易理论是大英帝国的经济意识形态的话，那么在大英帝国逐渐衰老之后，旧理论也越来越难以与新世界的真实规则相适应。对于关注大英帝国命运，且刚从学校出来，跃跃欲试的凯恩斯来说，他不可能注意不到经济问题的影响力和重要性。例如，莫格里奇就指出：“他在税收、统计与商业部的那 16 个月，解读了很多文件，恰巧赶上了一场国际性的金融危机。那场危机

1 [加] D.E.莫格里奇：《凯恩斯传》，第 11—15 页。

对印度的影响,是他第一篇长文'印度近期经济事件'的主题。"[1]很显然,凯恩斯对经济学日益浓厚的兴趣,与他的这种政治实践品格是有实质性关系的。或者说,在凯恩斯那里,经济学仍然是婢女,伦理学与道德哲学才是真正高贵的女王,婢女的工作永远是服务于女王的需要。因此,凯恩斯的经济学工作也必然永远服务于他的道德哲学:

> 两人(凯恩斯和马歇尔)在某些方面非常相像,都坚定不移地寻找真理,都坚信经济学研究不只是一种智力训练,而是应该直接,至少是间接地,为增进人类福利服务……在他的《通论》中,我认为有一些针对马歇尔《经济学原理》的没有依据的批评。但这并不意味着他已不再是这位"大师"的坚定门徒了。[2]

因此,在凯恩斯的经济学与他的道德哲学之间,重要的不是发现道德哲学的优越地位,而是要看到,虽然凯恩斯像他的老师马歇尔一样,将经济学看作道德哲学的婢女和仆人,但他仍然将自己的主要精力放在经济学研究上。这并不是出于个人的兴趣,而是因为这是贯彻和推进凯恩斯对道德哲学的研究的必要手段。

在这种视野下,我们才可以理解劝说与预测之间的关系。对凯恩斯来说,预测有时候是劝说的一种手段,且是一种结果导向的劝说手段,而这种手段要发生预定的效果,预测就必须具有科学性和客观

1　[加] D.E.莫格里奇:《凯恩斯传》,,第 15 页。
2　[加]D.E.莫格里奇:《凯恩斯传》,第 17 页。

性。凯恩斯是通过经济学的手段来保障这种预测的准确性与客观性的。但反过来说，劝说又往往来自预测，而预测则来自凯恩斯的道德哲学，来源于凯恩斯对当时大英帝国的忠诚和责任，乃至于对整个人类的忠诚与责任。因为就道德哲学层面而言，凯恩斯关心的是普遍的人性和人类的永久和平，就凯恩斯作为大英帝国统治阶级的杰出成员而言，凯恩斯也深刻意识到，大英帝国臣民的幸福和繁荣，是与全世界的繁荣联系在一起的。因此，正是远超出个人日常生活的那种抽象的、类似于古典哲人的责任感与道德感，促使凯恩斯关心并投入到与现实世界的各种恶势力的斗争之中，也促使他寻找和利用各种各样的新式科学关注和预测各种事件对世界未来发展的影响。这又导致凯恩斯提前采取行动，而他采取的行动，就是劝说，各种各样的私人劝说和公共劝说，而能够为各种各样的私人劝说和公共劝说提供可能的，便是当时英国、美国等国家的民主宪政的政体，以及发达的现代传媒手段。

凯恩斯最令人瞩目的一次劝说行动，无疑是第一次世界大战结束后，围绕着巴黎和会所进行的公开劝说活动。1919 年，凯恩斯时年 36 岁，一开始作为英国财政部的首席代表，跟随首相劳合・乔治参加巴黎和会的会谈。6 月 5 日是凯恩斯的生日，恰恰在这一天他看到了巴黎和会的决定，根据这个决定，德国将承担巨额赔款。这个决定令凯恩斯感到震惊，他因此给英国首相写信，辞去了财政部的工作。此后，他花了 3 个多月时间，写了《和约的经济后果》一书，对巴黎和会及其签订的凡尔赛合约进行了尖锐的批评，进行了他人生中第一次公开的预言和劝说。《和约的经济后果》的核心思路是指出德国在整个欧洲经济结构中所处的核心位置，而第一次世界大战后整个欧洲的繁荣，有赖于作为整体的欧洲经济体系的恢复。因此，虽然是德国的愚蠢与狂妄发动了第一次世界大战，给整个欧洲带来了如此巨大的伤害，但在协约国取得战争的胜利后，却不能以仇恨来引导对战后欧洲政治经济秩序的设计。[1]

然而，仇恨、自私、以邻为壑，却是人性固有的弱点，似乎比美德更能够主导人类的行动。凯恩斯也承认，《巴黎和约》之所以会出现他事先预料和担心的最坏结果，并不仅仅缘于克列孟梭、威尔逊、劳合·乔治等几个台面上领导人的人性弱点，同时也是当时战胜国的主流民意和舆论使然。因此，凯恩斯在《和约的经济后果》中所提出的预言和劝说，就当时看来，显得很不合时宜。

然而，这种公开和不合时宜的劝说，虽然在短期内无法达到效果，却能够起到一种很奇妙的政治教育的作用。尤其是随着时间的推进，事情的逻辑逐渐摆脱了政治人物的操纵，显示出其独立的内在逻辑时，凯恩斯的公开预测逐渐被证明是有先见之明的，从而也就间接地证实了凯恩斯的劝说内容的正确性。这一成功又进一步地提高了经济学学科的声誉，从而教育政府与大众都认识到专业经济学家的重要性。这又为凯恩斯此后的一系列公开预测和劝说活动提供了重要的基础。

《和约的经济后果》之后，就如何认识第一次世界大战后英国的经济地位，以及应该采取何种经济政策，凯恩斯又进行了集中的数次或公开或私下的预言和劝说。对于刚刚经历了第一次世界大战的英

1　参见［英］约翰·梅纳德·凯恩斯《和约的经济后果》。

国人来说,回到第一次世界大战之前的美丽状态,或许是最常见的心理状态。对于普通人来说,他们希望回到第一次世界大战之前的那种生活质量中,享受1914年之前大英帝国臣民所享有的那种广泛的特权。对于英国政府而言,他们当然也希望回到大英帝国最巅峰的状态,假设英国仍然是这个世界的领袖与核心,因此也更愿意以此为基础来制定政策。无论是对于普通人,还是政府官员,他们都很愿意把第一次世界大战设想成一次意外的打断,既然战争已经结束,那么一切都要恢复原样。

就常人的意见来看,这种想法基本没啥错,是很容易被理解的。但敏感的凯恩斯已经明白第一次世界大战并非仅仅一次偶然的"打断"。经历过第一次世界大战的残酷,尤其是在财政部工作期间,凯恩斯为英国政府筹措军费,也向政府提供了大量的金融资讯,因此也掌握了英国经济状况的大量信息。因此,凯恩斯在第一次世界大战结束时,就已经形成了一个结论,即西方世界当时的经济结构是非常脆弱的——与多数习惯和怀念维多利亚时代的英国人相反,凯恩斯认为,即使就英国而言,维多利亚时代的那种繁荣和稳定,也是非常脆弱的。就经济发展的自然进程而言,经济的繁荣和稳定,并不是常态,而是特例,是一系列特殊的条件和环境的后果。而这些条件和环境一旦被破坏,或者不再存在,则除非出现其他有利于保持经济繁荣和稳定的条件和环境,否则经济就将陷入停滞和萧条。而要命的地方在于,经济的繁荣和稳定又是民主宪政体制保持稳定,西欧式的富裕、自由和体面的现代生活方式得以持续的根本前提。因此,一旦经济的繁荣和稳定性不再存在,则欧洲的文明传统就会遭遇灭顶之灾。

很显然,在理解和处理第一次世界大战后英国的政治经济现实上,凯恩斯与多数的英国人的理论预设南辕北辙。凯恩斯挑战的并不是多数英国人的生活经验与具体的政策观点,而是使他们形成诸多日常判断和政策观点的理论预设。与《和约的经济后果》一样,凯恩斯质疑的是保守的英国人所熟悉的那些经济学前提和预设,通过修改这些前提和预设,提出新的经济学理论和模型,为英国应对已变化的世界经济局势,提供参考和方案。第一次世界大战和第二次世界大战这段时间劝说努力的成果,则是《货币改革论》《丘吉尔先生的经济后果》《劳合·乔治能成功吗?》《货币论》《预言与劝说集》的出版和发行。

尽管如此,必须要明白的是,进行公开的辩论、预言和劝说工作,在凯恩斯的一生中并非罕见,而且多数还取得了巨大的成功。但凯恩斯从来没有放弃进行体制内劝说的可能性,并且将这种可能性摆在优先的地位。凯恩斯的公开劝说,往往是在体制内劝说失效的情况下不得已的选择。虽然凯恩斯对人类的理性能力保持着如启蒙哲学家般的信仰,但也并没有因此而无视人性的弱点。因此,他不但是一个公开的劝说者,也是一个著名的妥协者和实用主义者。只要能够让自己的方案被接受,又不触及方案的核心内容和底线,他是勇于作出妥协的。同时,当他看到既有的最优方案已经实现无望时,他也能够对此表示接受,马上接受不可改变的现实,作出必要的妥协,设计出次优的方案。他的第三个优点是,一旦他认识到自己的错误,就能够马上接受错误,并在修正后的前提下迅速开展新的工作。正是凯恩斯的这三个特点,使他实际上与英国历届政府形成相当不错的关系,并且在政府内部形成良好的专业性权威。哪怕凯恩斯被有意地排除在核心决策圈之外,决策者通常也会通过私人的途径征询他的意见。同时,凯恩斯的这三个优点,在凯恩斯领导英国代表团参加第二次世界大战期间与美国的谈判时,也发挥得淋漓尽致,对于最大限度地争取英国的利益,功莫大焉。

三、布雷顿森林体系与战后国际新秩序

现在我们可以围绕着战后世界新秩序所展开的谈判过程,把目光重新聚焦于 1941 年以后以凯恩斯为代表的英国人与以怀特为代表的美国人。表面上,这是两个大国之间围绕各自利益所进行的一次理性的谈判过程,而凯恩斯则不过是其中一个大国谈判团的核心成员与精神领袖。然而,以一种更纵深的历史眼光看,英美两国围绕第二次世界大战以后世界经济秩序安排的谈判,与凯恩斯的思想与学说,以及他的政治劝说术之间,存在着更错综复杂和深刻的关联。因此,要了解这一系列漫长谈判过程及其最后结果的伟大历史意义,了解其中的艰难曲折,就必须要重新回到之前的那次世界大战及其之后的一系列历史事件的细节中,了解到凯恩斯在其中所进行的种种劝说活动及其形成的历史效果。对此,我们已经进行了详细的叙述。在此,我们再着重讲讲英国和美国两大民族在谈判前后过程中如何接受政治教育和劝说,不断超越自我,回归政治理性的过程。

首先,对于英国来说,大英帝国的荣耀是他们永远不可磨灭的印迹。所以,他们习惯于回到过去的荣耀中,要不惜代价地维护帝国的

利益与荣耀。因此,在第一次世界大战中,英国要不惜成本地恢复金本位制,虽然那时英国的实力已经不足以支撑伦敦的世界金融中心的地位。也因此,在 1929 年经济大危机发生时,英国放弃金本位制后,随即转而采取帝国特惠制,最大限度地保护大英帝国的利益与荣耀。然而,凯恩斯围绕英国金本位制的一系列私人与公共劝说活动,已经事先提醒过英国人民冷酷的现实了。但是,对于大英帝国的"遗老遗少"而言,你仅仅事先向他指明事实是不够的,他们必须要亲身经历这个现实,才能接受这个现实。所以,强大的怀旧意愿,仍然驱使他们作出不正确的选择。

就帝国特惠制而言,相对于此前恢复金本位制,当然是更加理智的选择,而且对许多大英帝国的臣民而言,也已经是不得已的痛苦选择了。然而,在美国咄咄逼人的谈判攻势下,凯恩斯等人也逐渐明白帝国特惠制也终将被美国所冲破。因此,参与谈判与决策的人,最后不得不痛苦地接受了这个现实,并在此基础上选择了主动进攻,提前介入到战后世界经济秩序之方案的设计之中,以此来最大限度地保护英国经济的安全。然而,为此他们仍然必须向英国人民进行说明和劝说。好在经历了战争的历练,也经过了多次预言与劝说的考验,英国人民也变得更加成熟了。

对于美国来说,也同样经历了一番艰难的劝说和挣扎的过程。美国政体发源于早期新英格兰地区的乡镇自治的精神与实践。因此,美国政治天生就具有一种保守主义的性质。这可以说是美国政治的底色。这种保守主义的政治底色,是美国政治传统的宝贵财富。然而,当资本主义世界体系使得旧大陆与新大陆日益深刻地联系在一起时,美国已经日益无法独善其身于旧大陆之外了。地方保守主义虽然是美国政治的珍贵传统,但在新的形势下必须被突破。事实上,美国在建国过程中对联邦制政府的接受,以及林肯领导下南北战争,本身就是美国人民不断克服地方性的保守主义,不断进行自我政治教育和自我政治启蒙的过程。尽管如此,走出由地方自治精神演化而成的孤立主义的精神禁锢,勇敢地拥抱"美丽新世界",对美国人来说,仍然是很难迈出的一步。

对于许多美国人来说,他们与老欧洲的关系,仅仅是简单的生意关系。远在千万里之外老欧洲发生的事情,与作为北美大陆一个小镇的居民的日常生活之间的关系,是抽象而模糊的。正因为如此,虽然威尔逊总统是美国历任总统中少有的具有世界主义情怀的总统,尽管美国的实力已经发展到其态度足以对第一次世界大战产生实质性影响,实际上左右了第一次世界大战结局的程度,美国仍然对美洲大陆之外的新世界表示礼貌的冷漠。对于当时多数的美国人来说,老欧洲是肮脏政治的代表,而新大陆则是新的应许之地,他们是逃离旧大陆,开辟新世界的一批人。因此,他们很难理解,由于肮脏政治和私欲所引发的世界大战,最后还要美国人来买单。即使是威尔逊,之所以对巴黎和会如此热情,也是由于那种带着新世界的新人期待通过这个机会来劝勉旧大陆的"罪人们"悔改的天真布道热情。在这种布道热情里,带着一种精神的居高临下,却不包括减免债务等类的善举。由这些发动战争的罪人支付战争的债务,难道不正是对他们必要的惩罚吗?

所以,美国人很难理解为什么他们需要减免欧洲交战各国欠下的债务,对他们来说,这些债务是他们辛勤工作所积累的财富,依照法治精神和商业伦理,理应而且必须被归还。然而,凯恩斯却看到了他们看不到的那种联系,即美国人不仅需要减免欧洲交战国的债务,还需要出钱帮助老欧洲进行战后重建,因为这并不是一种可怜的施舍,它与美国的小镇居民的日常生活之间是有着紧密联系的:

> 美国的工业将会受到损害,其原因主要不是来自协约国为了偿还债务而大量出售廉价商品的竞争,而是来自于协约国方面无力再用以往那种规模向美国购买出口品,协约国为了偿还债务,所使用的手段不再多卖而是少买。这样的状况将导致美国的农场主所受的损害大于工厂主。要防止进口增加,可以借助于关税,可以要促进处于衰退中的出口,却并不存在简单易行的方法。[1]

当这些事情没有发生时,宏观的经济结构问题,对他们来说是抽象而遥远的。但是当预言的事情真正到来,预言中所分析的逻辑清晰地展现在人们面前时,人们往往会对自己的愚蠢和顽固感到震惊。这也是为什么当经济大危机来临时,胡佛政府已经意识到要领导美国政府真正走出危机局面,必须依赖整个国际贸易格局的改善。同时,也是为什么罗斯福新政时期,突然涌现出如此之多的威尔逊主义的追随者,他们云集在华盛顿,跃跃欲试,最终扭转了美国对外政策的大局。

1　[英] 约翰·梅纳德·凯恩斯:《预言与劝说》,第 42 页。

就布雷顿森林体系而言，表面上这是一种经济秩序的安排，实质上则缔造了战后国际经济秩序的新基础。布雷顿森林体系的安排完全吸取了第一次世界大战之后的悲惨教训，美国也勇敢地承担了应有的责任，而美元获得世界货币的地位，实际上是赋予了美国向全世界隐性抽税的权力，而这是支付给“世界警察”的必要费用和特权。

最后，总结一下：就第二次世界大战期间，围绕着战后世界经济秩序的安排所展开的谈判而言，凯恩斯之所以能够获得空前的成功，一个重要的原因，就在于凯恩斯此前长期劝说活动所积淀的成果。例如，虽然《和约的经济后果》一书，对老谋深算的劳合·乔治、克列孟梭与天真而缺乏政治经验的威尔逊惟妙惟肖的描述，加深了美国人的孤立主义倾向，却同时使许多美国政治家认识到《凡尔赛和约》的问题之所在。1929 年的经济大危机，以及此后罗斯福当选美国总统，推行新政，使得美国的威尔逊主义者云集华盛顿。这些威尔逊主义者中，许多都是凯恩斯的读者和听众，受凯恩斯的学说和观点影响甚深。于是，罗斯福新政的许多重要措施，就深受凯恩斯经济学思想的影响。凯恩斯的一系列公开的劝说活动，对罗斯福政府中的许多核心人物的影响是很深刻的。而正是由于这批政治家的努力，美国才逐渐摆脱传统的孤立主义，开始考虑美国的战后责任与美国利益的关系问题。而凯恩斯在英国政坛长期形成的威望，以及长期的劝说与教育的成果，也使得第二次世界大战后，虽然多数英国人心理上难以接受布雷顿森林体系的后果，但在理智上还是接受的凯恩斯的判断、策略和谈判成果。

四、帝国的启蒙

在中国,也许此前从来没有一群从事政治学、法理学、宪法学思考和研究的学者,选择以凯恩斯为阅读和思考的对象。2011 年夏天,阅读和讨论凯恩斯,对我们而言,构成了一次特殊和极度艰难的挑战。这不仅仅是因为凯恩斯穿的“经济学家”马甲给我们带来的困扰,更在于中国学者对世界历史的隔膜。而我们拒绝邀请经济学家参与这种共享的阅读和讨论,则是由于中国经济学对世界历史的隔膜与无知更加糟糕。而经济学的各种技术性知识对他们理解凯恩斯所造成的阻碍,也要比这些知识对我们理解凯恩斯所造成的障碍大得多。

中国人是在鸦片战争之后,被大英帝国的枪炮所逼迫而进入到资本主义世界经济体系的。因此,中国人难以忘怀的是,本来我们偏安一隅,小日子过得好好的,英国人凭什么一定要和我们做生意,并且拿着枪炮逼迫我们和他做生意?这究竟是哪门子强盗的逻辑?拥有这种强盗逻辑的英国人,又何以自称是正义、自由和公正的?

一百多年过去了,已经有越来越多的中国的政治家认识到中国主动参与世界体系,参与到对全球规则制定、全球议题设定之过程的重要性。但不可忽视的是,中国仍然有相当大的一部分人,仍然停留在鸦片战争以来的那种创伤体验中,而无法放宽历史的世界,以一种更加理性、成熟和积极的视野来理解这个世界。就此而言,凯恩斯与大英帝国,以及凯恩斯与两次世界大战的故事,或许能够让我们得到重要的启示。

此外,凯恩斯会议是我们几年来持续的自我政治教育过程中的一个重要环节。走进凯恩斯的过程所获得的那种心灵震撼与智识启蒙,也构成了我们中间多数人的重要经验。在某种程度上,凯恩斯为一个知识人如何参与时代重大历史事件,树立了一个极为重要的典范。尤其是,凯恩斯教我们明白,知识人要有效地参与政治,必须站立在一种绝对的知识优势的基础之上。只有拥有这种绝对的知识优势,并且拥有将这些绝对的知识优势与重大问题结构联系起来,进行巧妙地应用的能力,知识人才能够建立起可靠的信誉与权威。